www.tredition.de

Felix-Daniel Osterkamp

Stolpersteine im Leben

www.tredition.de

© 2020 Felix-Daniel Osterkamp

Verlag und Druck: tredition GmbH, Halenreie 40-44, 22359 Hamburg

ISBN
Paperback: 978-3-347-13247-4
Hardcover: 978-3-347-13248-1
e-Book: 978-3-347-13249-8

Vorwort

Liebe Leser/innen,

mit diesem Buch möchte ich meine persönlichen Erfahrungen mit meiner Erkrankung, der Depression, und ihre Folgen für mich sowie meinen Umgang mit ihr offen und aus meiner Sicht mit Ihnen teilen und offen alles aussprechen. Ich möchte nichts beschönigen, ich möchte einfach vielen anderen Menschen helfen, denen es vielleicht auch schlecht geht und ihnen Lebensmut schenken! Ich wünsche mir, dass ich diesen Menschen und anderen damit helfen kann. Ein Dank geht an meine Familie, an die Arbeitskollegen aus dem Stift Tilbeck/ Soziale Betreuung KVPH, an meine lieben Freunde und die Schwestern Unserer Lieben Frau! Ohne sie hätte ich einiges nicht geschafft!!

Felix Osterkamp   Coesfeld, August 2020

Inhalt

1. Kapitel

Wie alles anfing - Ausbruch der Erkrankung

Ich erinnere mich noch sehr gut an diese Tage, als mir selbst bewusstwurde: Du bist psychisch krank geworden. Mehr noch wurde mir selbst bewusst, wie zerbrechlich wir Menschen und auch ich sein können.

Es begann dadurch, dass ich in meinem Leben acht Schulen besucht habe. Es war wahrlich nicht schön, nicht richtig angenommen zu werden als Mensch und immer wieder fertig gemacht zur werden. Ich denke da an das starke Mobbing, das schon in der Hauptschule anfing und bis zur Jugendzeit ging.

Erst mit ungefähr 27 Jahren habe ich mich endlich glücklich und angenommen gefühlt und konnte sagen: „Jetzt bist du glücklich, Felix!" Aber dazu mehr in den weiteren Kapiteln.

Als ich ein junger Mann war, habe ich oft gedacht: „Womit habe ich das verdient? Warum habe ich gerade ICH diese Erkrankung bekommen?" Es war immer ein schweres Zugeben, weil es mir immer schwer fiel drüber zu sprechen.

Viele vertraute Menschen wussten aber davon, und mit ihnen konnte ich offen reden. Und das bis heute. Sagen wir so, ohne sie hätte ich bestimmt aufgegeben. Das denke ich und spüre ich sehr.

Leider war mein Leben durch die vielen Schulwechsel nicht „auf Rosen gebettet". Man wusste damals nicht so recht, wohin mit dem Jungen. Grundschule: Fehlgeschlagen. Erste Klasse mit Erfolg beendet. Dann Probebeschulung. Hauptschule nach drei Wochen fehlgeschlagen. Dann wieder Probebeschulung. Förderschule (früher Sonderschule). Wechsel zur Sprachheilschule nach Münster. Dort habe ich ein paar Jahre die Schule besucht, doch leider gab es dort sehr viel Mobbing. Es begann im Zug mit Angriffen auf mich. Ich wurde zu Boden getreten, Zigaretten wurden auf dem Kopf ausgedrückt. Ich wurde gewürgt und auch ausgelacht. Das ging Monate und Jahre so. Ich habe es ausgehalten. Ich weiß selbst nicht warum.

Vielleicht habe ich gewusst, dass ich immer Menschen an meiner Seite habe, die mich auffangen werden und mir beistehen. So waren die Schwestern im Kloster Annenthal, vor allem einzelne Schwestern für mich da. Besonders eine Schwester stand mir sehr nahe. Dadurch hatte ich dort einen Zufluchtsort gefunden, wo ich „ICH" sein konnte ohne mich verstellen zur müssen. Ich hatte noch ein anderes Kloster als Anlaufstelle. Die Abtei Gerleve bei Billerbeck. Dort fand ich immer Ruhe und auch Schutz.

Aber der Alltag bestand aus Überleben und Kämpfen. Und das fünf Tage in der Woche. Es war immer schwer. Ich habe immer alles in mich rein gefressen, kaum noch geredet und geweint für mich in meinem Zimmer. Ich ging oft zur Kirche und spielte die Orgel, weil mir das Halt gab. Bis heute ist die Musik meine Lebenskraft, die mir sehr viel Halt gibt und mich für den Alltag stärkt, der heute ganz anders ist als damals.

Ja, die Zeit in Münster war für mich sehr belastend. Es war ein Einschnitt in meinem Leben. Bis heute leide ich darunter, auch wenn ich heute stark bin und Lebensmut habe. Ich wünsche jedem jungen Menschen, dass er Mobbing in der Schule nicht selbst erlebt. Es ist einfach grausam, wie Menschen zu Menschen sein können. Dabei wollen wir doch alle gerne friedlich zusammenleben hier in unserer Welt. Deswegen redet, wenn ihr Probleme habt mit vertrauten Menschen oder mit eurer Familie. Ich kannte es nicht anders, als ausgegrenzt zu werden und nicht beachtet zu werden. Das tut einfach weh! Heute sieht es alles besser aus und dafür bin ich dankbar.

Nach der Schule in Münster besuchte ich dann eine Schule für Körperbehinderte Menschen. Dort wurde ich gut in der Klasse aufgenommen. Es schien, als liefe es jetzt auch gut für mich. Ich packte den Schulstoff und war auch zweimal Schulsprecher. Ich war sehr froh darüber, weil ich spürte: Dort bist du gut aufgehoben.

Im Jahr 2009 aber starben an der Schule fünf Mitschüler. Dies hat mich unheimlich aus der Bahn geworfen. In demselben Jahr starb dann auch meine

Oma. Sie wurde bei uns zu Hause von meiner Mama und uns gepflegt. Diese Grenzerfahrungen mit dem Tod haben mich sehr bewegt und auch nachdenklich gemacht. Ich denke, da fing das Trauma schon an. Der Verlust von jungen Menschen und der Verlust in der Familie, das ist schon etwas, das einem Menschen zu schaffen macht, auch wenn man es zu verdrängen versucht.

Noch viele andere schreckliche Ereignisse waren in dieser Zeit, so dass ich beschloss: Ich verlasse die Schule nach der Klasse 9. Ich erhielt mein Abgangszeugnis und ab dann hieß es: „Welchen beruflichen Weg gehst du?" Ich wollte immer Kirchenmusik studieren, aber ohne Abitur war kein Studium möglich. Diesen Traum musste ich aufgeben.

Ich machte dann eine Berufsfindungsmaßnahme. Leider war das Ergebnis nicht so gut. Dann war ich einige Jahre arbeitslos und das war echt mies. Ich habe aber immer die Orgel gehabt und damit habe ich mich immer über Wasser gehalten, weil ich nicht wollte, dass ich vom Staat leben muss. Das war mir sehr wichtig.

Dann habe ich mich entschlossen über das Arbeitsamt eine Berufsbildungsmaßnahme anzutreten. Dort habe ich dann in unterschiedlichen Bereichen Praktika absolviert. Ich war erst in der Tagespflege eines Altenheimes tätig. Damals war ich noch nicht soweit dort zur arbeiten, dann wurde weitergesucht und ich landete in einem großen Betrieb auf dem Lager. Dort machte ich ein Praktikum und wurde auch für ein Jahr übernommen.

Ich fühlte mich dort wohl, aber leider fing dort auch das Mobbing an. Zwölf Männer waren gegen mich. Zwei oder drei hielten sich heraus, standen an meiner Seite und haben mir geholfen. Aber dort wurde ich richtig schlecht behandelt und es wurde mir sehr viel Leid zugefügt. Auslachen. Mich als Lachnummer benutzen. Mich mit einem Messer bedrohen und sagen: „Felix, bring dich doch um! Dich braucht keiner". Oder man versuchte, mich in die Müllpresse zu stecken und stand lachend daneben. Heute kann ich darüber sprechen. Damals war es für mich als junger Mensch einfach nur Horror so etwas am eigenen Leib zu erleben.

Ausgelöst durch das ganze hatte ich dann viele Zusammenbrüche und war zu nichts mehr in der Lage. Ich lag nur noch im Bett. Oder ich war feiern, um mich zu betrinken, nur damit ich das alles aushalte. Ich bin heute schlauer und weiß, dass „saufen" keine Probleme lösen kann. Es verschlimmert es eher alles und macht es nicht besser. Aber damals war ich jung und wusste nicht wohin mit mir.

Dazu kamen noch die Ausgrenzung und die Einsamkeit. Ich habe dann Tabletten bekommen und war lange zur Behandlung. Ich versuchte eine Wiedereingliederung in diesen Betrieb. Aber sobald ich dort war, fing alles wieder von vorne an. Mobbing ohne Ende. Dann entschloss ich mich, dort zu kündigen, weil es wirklich die letzte Hoffnung war, dass es besser werden würde.

Und da stand ich wieder ohne Arbeit. Wieder war ich fix und fertig, dass es gescheitert war. Ich spielte weiter Orgel, übernahm dann noch dem Küsterdienst hier im Altenheim in Coesfeld. Dort spielte ich 15 Jahre ehrenamtlich die Orgel und unterstütze Pfarrer Dieter Frintrop (1935-2018), wo ich konnte.

Dadurch kam Geld rein, und ich hatte eine Aufgabe. Dies habe ich bis 2016 so gemacht.

Zwischendurch habe ich Zeitarbeit gemacht, was auch nicht toll war. Aber wieder traten die Depressionen auf. Mag sein, weil mir etwas Schlimmes widerfahren ist oder auch weil ich selbst nicht damit klar kam. Privat kam es auch viel zu den Konflikten mit Gleichaltrigen. Am Wochenende wurde ich auf Partys sechsmal zusammengeschlagen. Ich hatte Jochbeinbruch, wurde gewürgt, getreten. Das verschlimmerte es nochmal mehr. Dazu kam noch, dass ich mich nicht wehren konnte, da ich kein Selbstbewusstsein hatte und mir alles gefallen lasse habe.

Viele nutzten meine Gutmütigkeit aus zum Kaufen von Zigaretten, Alkohol, Klamotten. Ich habe dadurch mein ganzes Erspartes drauf gegeben für diese Menschen, die mich eigentlich nur ausnutzen und mich hinten herum bloß stellten wollten. Ich dachte, sie seien Freunde. Dabei war es einfach nur pures Ausnutzen.

Ich habe mich immer mehr zurückgezogen. Bis ich wieder Anschluss fand, hat es gedauert. Es ist nicht leicht NEIN zu sagen. Aber heute weiß ich: „Felix, du kannst auch ruhig Nein sagen, wenn du etwas nicht willst!" Das sollten Sie auch immer tun. Tun Sie nicht, was Sie eigentlich nicht möchten.

Leider starben in diesen Jahren auch lieb gewordene Menschen. Eine sehr liebe Schwester aus dem Kloster Annenthal starb ganz plötzlich, ohne dass man damit rechnen konnte. Bei ihr war ich immer jeden Tag. Ich bekam Frühstück, Kaffee und Kuchen. Sie sorgte für mich und hörte mir immer bei meinen ganzen Sorgen zu. Es war ein großer Verlust, weil ich sie schon wochenlang nicht mehr besucht hatte. Ich hatte nicht damit gerechnet, als sie ohne Vorwarnung und ohne Abschied starb. Sie ist einfach friedlich eingeschlafen.

2014 erlebte ich dann, dass in meiner Familie ein Suizid passierte. Jemand nahm sich kurz nach der WM das Leben. Ich habe miterleben müssen, wie jemand die Todesnachricht erhielt. Ich kann es bis heute kaum vergessen, was passiert ist, da es sehr heftig ist, wenn man dieses selbst mitbekommt. Unbegreiflich! Jemand nimmt sich ohne Vorwarnung das Leben. Man fragt sich: Warum? Warum hat sie das getan? Diese Frage stellt man sich.

Bis heute leide ich deswegen unter Albträumen. Im Jahr 2015 brachte sich kurz nach meinem Geburtstag eine liebe Freundin im Alter von 19 Jahren um. Es war kurz nach Christi Himmelfahrt. Wir hatten noch zusammen gefeiert und uns nur flüchtig verabschiedet. Dann kam die Nachricht. Ich dachte: Nicht schon wieder ein Suizid, und noch so jung! Das ist schwer zu verstehen.

Dann 2016 der nächste Suizid im Bekanntenkreis und 2017 wieder einer. Jeder Suizid ist einer zu viel. Ich spreche so offen darüber, weil ich Ihnen sagen möchte: Holen Sie sich Hilfe, wenn es Ihnen schlecht geht oder Sie Gedanken haben, sich das Leben zu nehmen.

Vieles wird heutzutage totgeschwiegen. Menschen ziehen sich zurück. Sie leiden für sich und erleben immer wieder ein Posttrauma, das mit Ängsten verbunden ist. Todesangst, Angst nicht perfekt zur sein, Angst vor dem Leben. Diese Ängste sind tief. Vor allem, wenn man schon oft schlimmes verkraften musste. Man reagiert sensibel auf Reize und hat Angst, es könnte immer wieder etwas passieren. Leider bleibt so eine Erkrankung immer. Sie kann immer wieder ausbrechen. Man kann noch meinen, man ist stark. Doch plötzlich kommt es anders und man bricht wieder zusammen. In diesen Momenten ist man am Ende seiner Kraft. Man will nicht mehr. Man weint und versucht sich wieder hoch zu kämpfen. Das kostet aber enorm Kraft.

Verlustängste hat man immer, vor allem wenn alles zusammenkommt. Irgendwann kann der Kopf es nicht mehr richtig verarbeiten. Bei mir ist es so: Wenn es zu viel wird, kann ich mich irgendwann nicht mehr zusammenreißen. Dann bricht alles heraus und ich bin hilflos. Ich bekomme Erkrankungen, ziehe mich zurück und komme kaum hoch. Dann die Panikattacken beim Einkaufen. Nachts keine Ruhe mehr zu finden, das ist sehr schlimm. Da ist man verzweifelt und fühlt alles noch stärker, auch wenn das Leben einem Schönes bietet.

Vielleicht können Sie dieses nachempfinden, wenn Sie schon mal so etwas erlebt haben. Hilfe bekommt man dann meistens direkt vom Hausarzt oder von Fachärzten. Wenn alles auf einen einbricht, dann fühlt man sich tot. Man fühlt sich als schlechter Mensch und will nicht mehr leben, weil alles so schwer ist und man selbst keine Kraft hat. Es ist ein Teufelskreis, aus dem man schwer herauskommt. Schwer, weil einen alles auf einmal einholt. In diesen Momenten spürt man nichts mehr. Oder man erlebt viele Gefühle von Trauer und Übelkeit bis hin zu Hilflosigkeit. Man versucht trotzdem den Alltag zur meistern.

Ich merke oft in der Winterzeit an meiner Stimmung und an meinen Wahrnehmungen, wie sich so etwas anbahnt. Ich spüre dann schon Wochen vorher, dass es wieder losgeht und arbeite dagegen. Ich versuche meine Arbeit gut zu machen, obwohl es mir eigentlich nicht gut geht. Ja, es kann plötzlich kommen und das ist leider für diejenigen unter uns, die unter dieser Erkrankung leiden, nicht planbar.

Man wünscht sich oft, dass man „normal" ist. Aber man ist, wie man ist. Man kann das nicht wegradieren und meinen, es sei alles gut und man sei normal. Das wäre gelogen. Mir fällt es manchmal heute noch schwer, das anzunehmen. Ich gebe mein Bestes. Darüber zu sprechen und zu schreiben gibt mir Kraft.

Ich wünsche Ihnen, dass Sie auch offen sprechen können mit der Familie, den Arbeitskollegen und guten Freunden, weil das Sicherheit gibt und auch Halt. Das hoffe ich, dass Sie so etwas haben. Leider stößt man oft auf Ablehnung in unserer perfekten Welt. Leider kann es jeden von uns treffen, ob man Chef ist, selbständiger Mitarbeiter, Priester oder im Orden lebt. Kein Mensch ist vor dieser Krankheit geschützt. Durch äußere Umstände kann es auch mich plötzlich treffen, auch wenn ich über mich denke: „Du bist doch stark"!

Durch vieles in meinem Leben ist es dazu gekommen, dass ich diese Erkrankung bekommen habe.

2. Kapitel

Grenzgänger - Was bedeutet das?

Was ist ein Grenzgänger? Viele denken da bestimmt sofort an einen Menschen, der die Grenzen kontrolliert oder jemand, der an der Grenze spazieren geht. Nein, es gibt auch Grenzgänger, die eigentlich etwas können, aber trotzdem auf gewisse Hilfen angewiesen sind. Dazu zähle auch ich.

Wir können etwas auch gut. Aber anderes müssen wir zwei - oder dreimal lernen, bis wir es verstanden haben. Wir führen ein normales Leben, wohnen alleine, machen unseren Haushalt, verwalten unser Geld. Es ist gut, so wie es ist. Aber als Grenzgänger ist man anders als andere, die gesund sind.

Durch einen Sauerstoffmangel bei der Geburt haben wir leider eine Lernschwäche und körperlicher Einschränkungen mitbekommen. Ich habe Asthma und hatte eine X-Beinstellung als Kind, die aber durch eine OP behoben wurde. Es macht sich oft bemerkbar, weil wir nicht so belastbar sind wie normale junge Menschen.

Natürlich gibt man sein Bestes, alles gut zu schaffen. Aber es werden einem schon Grenzen gesetzt. Auch Stress ist eine hohe Belastung. Man darf sich oder anderen deswegen niemals die Schuld geben, weil man so geboren ist und weil man selbst lernen muss, damit umzugehen. Vieles fällt einem selbst schwer zur verstehen, warum es so ist. Ich habe versucht, dass man mich normal behandelt und nicht wie ein Mensch, der eine Einschränkung hat. Dieses war mir sehr wichtig, da ich auch Erfahrungen gemacht habe, dass Menschen mich behandelt haben als sei ich dumm oder könnte nichts.

In der heutigen Zeit gibt es viele Möglichkeiten, dass man auch mit so einer Beeinträchtigung eine Ausbildung schaffen kann. Mir wurde angeboten, dass ich in Münster eine Ausbildung zum Betreuungsassistenten anfangen könnte. Sie war auf 18 Monate festgelegt, da sie auf Menschen zugeschnitten war, die in Einrichtungen in Werkstätten arbeiten. Die Themen wurden oft wiederholt, damit man es besser verstehen konnte. Das war eine gute Gelegenheit zu zeigen, dass ich es schaffen könnte.

Mittlerweile war ich in einer Einrichtung, in einem Altenheim, für Menschen mit geistiger Behinderung tätig. Dort fand ich ein sehr gutes Team, das mir sehr geholfen hat, meinen TRAUM einer Ausbildung in die Tat umzusetzen. Ich bekam eine Anleiterin, die mich in der ganzen Zeit begleitete und auch die Kollegen standen immer mit Rat und Tat mir zur Seite.

Wir mussten drei Prüfungen ablegen. Die erste Prüfung - ich weiß es noch ganz genau - lief noch nicht so gut. Bei der zweiten Prüfung, eine Handmassage, lief es schon deutlich besser.

Oft war ich sehr angespannt und nervös. Die Abschlussprüfung, ein Bastelangebot, war die beste, weil alles so prima lief. Die Bewohner machten super mit und ich war viel ruhiger als ich es vorher war.

Einmal die Woche hatten wir dann Fachunterricht in Münster beim DRK. Wir bekamen von einer Dozentin und einer Ergotherapeutin das Wissen vermittelt, das wir für unseren Beruf brauchen. Durch das wirklich häufige Wiederholen der Themen festigt es sich besser im Kopf. Wir durften Vorträge halten zu Themen und selbst gestalten. Ende Januar 2018 war das dann beendet und ich hatte mein Zertifikat „Betreuungsassistent 53c!" in der Tasche. **Ein MEILENSTEIN** in meinem Leben.

Ich habe lange gehofft, dass ich das so etwas schaffen könnte. Mit viel Hilfe und auch selbst mit viel Arbeit kann man auch ohne Schulabschluss einen Beruf ergreifen. Ich kann jedem raten: Kämpfen zahlt sich hinterher aus, auch wenn der Weg steinig ist und auch nicht immer leicht. Wenn man etwas möchte, kann man das schaffen. Nachher kann man dankbar sein, wenn man das Ziel, das man sich gestellt hat, erreicht hat.

Natürlich muss man damit rechnen, dass nicht alles sofort klappt. Es war bei mir genauso, aber ich habe alles gegeben.

Ein Grenzgänger zu sein bedeutet nicht, dass man nichts schaffen kann. Das habe ich selbst gemerkt in dieser Zeit. Es war spannend, nochmal die Schulbank zu drücken und auch vieles über Erkrankungen zu lernen oder über den Umgang mit Senioren.

Es zeigt immer wieder, dass man etwas schaffen kann. Das ist ganz wichtig für uns Menschen, weil uns das stärkt. Wenn wir Anerkennung erfahren, weiß man, dass man gebraucht wird. Alleine die Dankbarkeit der Bewohner ist das, warum ich meinen Job so liebe. Weil ich weiß, es kommt von Herzen von ihnen. Jedes Lächeln gibt dir Kraft und man weiß, man ist am richtigen Ort. Und das ist ein wichtiger Punkt, den wir niemals vergessen sollten. Denn wo wir uns wohl fühlen, dort gehen wir gerne hin. Wenn unser Herz die Liebe anderer Menschen spürt und das Angenommen sein, das ist sehr wichtig. Ich wünsche Ihnen, dass Sie auch so viele Menschen haben, die Sie mögen und Sie auch schätzen.

Mir geht es körperlich gut. Das ist echt toll. Es gibt viel Leid auf der Welt und auch in jeder Familie gibt es Schicksal. Auch, wenn man gesund ist, kann es einem passieren, dass einen ein Schicksal ereilt. So ist das Leben. Nicht immer leicht. Aber wenn man verzeihen kann, dann fällt es leichter.

Grenzgänger sein bedeutet auch, Grenzerfahrungen mit sich selbst zu machen. Wie weit bin ich belastbar? Wie weit kann ich meine Grenzen einschätzen? Welche Grenze setzt mir meine Erkrankung? Viele Fragen und viele Antworten. Hauptsache, man lebt und man genießt trotzdem sein Leben mit Höhen und Tiefen.

3. Kapitel

Angst - Was macht Angst mit einem?

Was ist Angst? Ein Gefühl oder eine Empfindung. Angstattacken und Panikattacken sind sehr schlimm für den Menschen, der damit leben muss. Der Weg zum Einkaufen, Shoppen oder auch einfach so, kann eine Belastung sein. Es gibt viele Ängste, die uns begleiten. Einige mehr, andere weniger. Sie spielen eine Rolle im menschlichen Leben. Wer vor der Angst flieht, der rennt vor sich selbst weg. Es ist immer schwierig, sich seinen Ängsten zu stellen oder offen darüber zu sprechen.

Angst bedeutet bei vielen: „Ach, der kann doch nichts!" oder „Stell dich nicht so an!" Es sind Ängste vor Vergiftung oder Tod. Der Gedanke, dass mich jemand vergiftet, verfolgt mich seit mir jemand Benzin in mein Bier gekippt hat. Ich habe die Angst entwickelt, dass man mich vergiften könnte. Oder die Angst vor Pflanzen, wie Eibe und Pilzarten, belastet mich sehr.

Damals kam noch die Angst vor vollen Kassen beim Einkaufen dazu. Ich erlitt Schweißausbrüche und je voller die Kasse war, desto mehr Angst hatte ich in der Schlange. Durch die Therapie hat es sich es deutlich gebessert, und ich stelle mich der Angst.

Aber haben wir nicht alle Ängste in uns? Die Angst, nicht gesund zu bleiben. Angst vor Geldnot, Angst vor zu schnellem Ableben. Viele verdrängen die Ängste. Leider führt das dazu, dass man sich noch schlechter fühlt und es einen noch mehr belastet.

Die Ängste kommen oft auch durch traumatische Erfahrungen zustande aus der Kindheit, Jugend und dem Erwachsenenalter. Bleiben sie unbehandelt, kann das ziemlich schlimm ausgehen.

Viele Menschen haben auch Lebensangst, im Leben nicht bestehen zur können und nicht die Leistung zu erbringen, die gefordert wird. In unserer schnellen Welt, in der alles schnell gehen muss, ist es außerdem noch durch Social Media wie Facebook u.a. bedingt.

Dort wird oft der perfekte Mensch gezeigt. Er ist ohne Schwächen. Alles muss perfekt sein. Aber ist denn nicht gerade das schön, auch Schwäche zu zeigen? Es ist nichts, für das man sich schämen muss.

Dass wir nicht perfekt sind, macht uns als Menschen aus. Wir sind so geboren worden. Manche sind ohne Einschränkungen geboren, manche mit und wir alle leben hier auf der Erde.

Ich konnte nach Jahren die Angst besiegen, teils mit Medikamenten und teils auch selbst mit meiner Kraft. Ich habe wieder Fitness angefangen und habe mich den Ängsten gestellt. Immer wieder mal treten sie bei mir auf. Dann muss ich versuchen, selbst ruhig zu bleiben und zu sagen: „Du kämpfst gegen die Angst an!"

Ereignisse wie Todesfälle oder Krankheitsfälle bringen mich wieder in große Sorge. Es sind Verlustängste, die mit meiner Vergangenheit zusammenhängen. In diesen Momenten fällt es mir schwer, ich selbst zu sein. Dann ist alles dunkel und leer. Ich fühle mich wie ein leeres Glas. Vielleicht verstehen

Sie es, wenn Sie selbst schon oft Angst in Ihrem Leben erlebt haben.

Aber die Angst kann man besiegen, wenn man das will. Den Kreislauf der Angst durchbrechen und sich wieder hochkämpfen! Das ist, was zählt und was Halt gibt im Leben. Sprechen Sie über Ängste, die Sie belasten und bedrängen!

Gehen Sie Ihren Weg. Auch die größte Angst, der größte Angstgegner, kann besiegt werden. So, als ob Sie einen großen Berg ersteigen und dann oben auf dem Berg stehen und sagen: „Ich habe es geschafft! Ich habe meine Angst besiegt!" Das wünsche ich Ihnen von Herzen!

4. Kapitel

Depression - Wie geht es einem damit?

Viele Menschen, die unter Depressionen leiden, können es gut nachfühlen, wie es einem geht. Für viele Menschen ist die Depression schwer zu verstehen.

Früher waren diese Erkrankungen noch nicht so erforscht wie heute. Es wurde alles verschwiegen oder man wurde für nicht lebensfähig erklärt.

Heutzutage hat sich dieses Bild gewandelt. Depressionen und andere Erkrankungen der Seele werden mehr toleriert und die Menschen bringen mehr Verständnis dafür auf.

Ich selbst habe mit Depressionen seit der Kindheit und Jugend zu kämpfen. Mal mehr, mal weniger. Es kann ein ganzes Jahr nichts passieren, aber es gibt auch Jahre, wo sie mehr Raum in meinen Leben einnimmt.

Die Phasen sind verschieden. Mal sind es leichte Phasen, aber es gibt auch schwere Phasen zu bewäl-

tigen. Die Letze Phase war einer meiner schlimmsten, die ich erlebt habe. Es fing alles langsam an und
steigerte sich so stark, dass ich zusammengebro-
chen bin. Das war schon sehr heftig. Ich war Wochen und Monate nicht mehr in Lage, ein normales
Leben zur führen. Ich weinte sehr viel und hatte
kaum Appetit. Ich schlief nicht mehr. Höchstens
zwei Stunden und ständig die Albträume. Selbst-
mordgedanken und ein Gefühl der Wertlosigkeit
umfingen mich jeden Tag. Ich hatte keine Kraft
mehr.

Ich bat meine Eltern um Hilfe bei meinem Hausarzt
und bei meiner Psychologin. Ich konnte auch auf
meiner Arbeit offen reden und bekam auch viel Verständnis und Hilfsangebote. Dadurch hatte ich
Schutz. Die Sorge, den Arbeitsplatz zu verlieren
hatte ich nicht, da ich dort einen sicheren Arbeitsplatz habe.

Wie geht es einem mit Depressionen? Die Frage ist
schwer zu beantworten. Für Außenstehende wirkt
man normal, da sich alles im Kopf abspielt und man
es nicht jedem sofort ansieht. Es ist schwierig. Man

kann es sich so vorstellen: **LEERE - TRAUER-HILFLOSIGKEIT- ANGST.** Das sind nur einige Beispiele für Gefühle, die man dabei entwickelt.

Die Leere ist schlimm, wenn man nichts spüren kann an Gefühlen wie Freude, Glück und Spaß am Leben. Bis diese Gefühle wieder richtig da sind, kann es oft Wochen und Monate dauern. Man zieht sich zurück in seiner Wohnung und umgeht viele Menschen. Man möchte sich nicht den vielen Fragen aussetzen: Wie geht es dir? Weil man dann sagen müsste: Es geht mir schlecht.

Jeder Glücksmoment gibt einem dann Kraft. Man muss schon hart kämpfen, um aus diesem Loch heraus zur kommen. Ich brauche immer meine Zeit. Je älter ich werde, bald 29 Jahre, desto schwieriger wird es. Wenn dann im Winter die Sonne fehlt und die Dunkelheit kommt, ist es mit am schlimmsten. Dann bricht alles auf einmal heraus. Kommen dann noch Ereignisse dazu, wird es noch schlimmer. Es fördert die Depression und man sollte echt dann reden, bevor man sich selbst etwas antut.

Sich das Leben zu nehmen, weil man Probleme hat, ist keine Lösung. Ich brauchte auch meine Zeit, um offen zu sprechen.

Aber mir ist klar geworden, dass man nur durch Reden eine Lösung finden kann. Wenn man schweigt, wird es oft noch schlimmer.

Leider haben manche Medikamente auch Nebenwirkungen. Ich hatte Wahnvorstellungen und noch mehr Albträume dadurch. Ich bekam starke Ess-Attacken und nahm dadurch zu. Das sind die Nebenwirkungen der Medikamente, die leider dabei auftreten können. Es wurde erst besser, als ich keine Medikamente mehr bekam. Ich versuchte so, mich hoch zu kämpfen.

Ich will Ihnen keine Angst machen, aber leider kommt es oft zu unterschätzten Nebenwirkungen. Mittlerweile schaffe ich es wieder ohne Medikamente klar zur kommen. Darüber bin ich froh, es wieder geschafft zu haben. Ich mache Ihnen Mut, mit Ihrem Arzt zu sprechen, wenn die Nebenwirkungen zu stark und nicht mehr aushaltbar sind. Es gibt immer eine Lösung.

5. Kapitel

Trotz einer Erkrankung glücklich sein - Geht das?

Es haben mich viele gefragt: „Felix, wie kannst du trotz allen immer noch so fröhlich sein?" „Warum hast du nie den Mut verloren?" Dann sage ich oft: „Weil ich auch das Schöne noch sehe im Leben!" Die lieben Menschen, die ich kenne. Die Musik, die ich mache. Gebraucht zu werden. Und selbst auch anderen helfen. Das ist das, was mir im Leben Halt gibt.

Gebraucht zu werden und angenommen zu sein. Auch mit einer Erkrankung, die man bekommen hat und womit man leben muss. Glücklich sein, was bedeutet das? Eine gute Ehe haben, Kinder und eine gute Familie. Einen Freundeskreis. Auch ohne Ehepartner kann man glücklich sein. Man lernt dann viel mit sich auszumachen und das Leben für sich so schön zu gestalten, so gut es geht.

Natürlich ist das nicht immer leicht. Aber man lernt sich selbst kennen. Oft sehr intensiv und man entwickelt auch manchmal komische Eigenarten bei sich.

Vieles, was Menschen zu zweit machen, muss man alleine regeln und dafür sorgen, dass es läuft. Man stößt an Grenzen dennoch ist eine heilsame Erfahrung, alleine für sich zu sorgen.

Was bedeutet Glück noch in der Phase einer Krankheit? Vielleicht bedeutet es, nicht alleine zu sein. Auch, wenn man es denkt, man sei einsam. Alleine. Aber so ist es nicht. Man hat Nachbarn, Familie und Freunde, die da sind und einen lange kennen. Sie wissen, wie es gerade um einen steht. Und das zählt mehr als alles andere für uns Erkrankte.

Dass man weiß, dass jemand da ist und auch hilft, wenn es gerade nicht gut geht. Ich finde, das ist schon ganz wichtig für viele Menschen.

Glücklich sein mit Depressionen? Das geht, so empfinde ich, weil ich es guthabe: Ich habe zu essen und zu trinken, kann etwas unternehmen und mich dort einbringen, wo man mich braucht. Allein deswegen lohnt es sich, für sein Glück zu kämpfen. Leicht ist es natürlich wahrlich nicht, nach einer schweren Episode wieder den Mut zu fassen, glücklich zu sein. Man versucht vieles dafür, damit es gelingt.

Verbittert sein über die Erkrankung sollte man nicht, da man es ja nicht ändern kann. Die Krankheit sollte nur nicht alles im Leben lenken und regieren. Sie ist ein Teil, der zu mir gehört. Das muss man einfach annehmen.

Mir fiel es immer schwer, wenn noch eine Diagnose dazu kam oder es sich nicht sofort besserte. Ich wollte früher immer perfekt sein und mir nichts anmerken lassen. Leider war das nicht so das Beste. Dadurch entstanden Konflikte und Streit.

Ich habe auch nicht alles richtiggemacht. Ich habe auch Fehler gemacht, bedingt durch die Krankheit. Das kann ich heute aus einem anderen Licht betrachten. Da ich weiß: Du bist ok wie du bist. Und das Gefühl alleine ist was Tolles! Geliebt zu werden so wie man ist. Das wünsche ich Ihnen allen.

Glück hat viele Seiten. Das größte Glück ist, dass wir da sind. Schenken wir uns einander Glück!

6. Kapitel

Trauma überwinden - Sich dem Trauma stellen

Traumatische Erfahrungen prägen unser ganzes Leben. Ob als Kind oder als Erwachsener. Wir verbinden mit Trauma meistens schreckliche Erfahrungen in unserem Leben. Viele Menschen erholen sich nie von diesem Trauma. Andere dagegen stellen sich ihrem Erlebten und setzen sich damit auseinander. Es ist schwierig zu sagen, wie schlimm ein Trauma ist. Es ist für jeden einzelnen von uns bestimmt verschieden. Manche erleben Amokläufe mit, andere hingegen müssen den Tod eines geliebten Menschen verkraften. Andere wiederum erleben Katastrophen wie Krieg, Naturgewalten oder Überflutungen.

Ein Trauma bleibt haften. Manches verblasst in den Jahren, dennoch kann es uns immer und immer wieder einholen und uns nachdenklich machen. Wir müssen uns dann wieder mit dem Erlebten auseinandersetzen und sich dem wieder stellen.

Es kann sein, dass auch mehrere Traumen auf einmal aufflammen und sich zeigen. Da heißt es: „Ruhe bewahren!" und nicht sofort die Flinte ins Korn werfen. Ich denke oft auch an mein Trauma, das ich erlebt habe, an die vielen Suizide im nahen Kreis und an die früheren Todesfälle, wie im ersten Kapitel schon angesprochen.

Wenn ich erfahre, dass ein Mensch sich umgebracht hat, dann brechen alle Dämme. Ich bin tagelang nicht gut drauf und empfinde sehr großes Mitleid und Trauer. Es ist so, dass ich wieder davon träume und mich Albträume umfangen.

Das schlimme ist, dass ich alles sehr „real" träume, als ob ich es wieder durchlebe. Oder ich habe wieder Angst. So schließt das eine das andere nicht aus. LEIDER passiert es oft, dass meine persönlichen Erlebnisse mich wieder einholen. Ich möchte es auch nicht verdrängen ich stelle mich dem dann. Ich sage mir selbst dann immer: „Du hast es geschafft, immer wieder aus der Lage heraus zur kommen".

Ich denke, vielen Menschen fällt es auch schwer, über das Erlebte zu sprechen, da man ja das Leben genießen möchte und nicht ständig an das schlechte zurückdenken möchte.

Es geht mit dem Trauma einher, dass man eine Posttraumatische Belastungsstörung entwickelt und die ist nicht leicht heilbar.

Ereignisse können sie wieder hervorholen. Davor kann man sich nicht schützen, auch wenn man es gerne möchte. Dafür gibt es spezielle begleitende Therapien. Fachleute begleiten einen dabei, das Trauma zu behandeln und damit abzuschließen.

Leider sind diese Therapien auch mit vielen Belastungen verbunden. Man muss wissen, ob man es möchte und ob man es sich zutraut von der Verfassung. Es ist schon schlimm, wenn man als Mensch oft traumatische Erfahrungen gemacht hat.

Angefangen beim Mobbing bis hin zu Verlusten von Menschen. Ich wünsche Ihnen, dass Sie offen sind, wenn Sie ein Trauma haben und darüber sprechen können. Und nicht alles mit sich ausmachen müssen.

Denn das ist sehr schwer, dass alles selbst mit sich zu klären. Denken wir an die Kriegsflüchtige, was sie erlebt haben an Traumen und Verlusten. Als mir jemand erzählte, was er in Syrien erlebt hat und alles verloren hat, da wird man doch sehr nachdenklich. Alleine eine Flucht zu überstehen ist schon ein Trauma.

Oder denken wir an unsere Senioren, die den Krieg miterlebt haben. Meine Oma hat einen Bruder im Krieg verloren. Der andere Bruder kam blind zurück. Meine andere Oma hat erlebt, wie die Heckenschützen über ihrem Kopf Kugeln abgefeuert haben. Eine andere hat mir immer erzählt, wie sie bei einem Tieffliegerangriff einen Kniedurchschuss erlitten hat. Als die Menschen in die Bunker mussten, sprangen sie bei Angriffen mitten aus dem Zug in den Graben.

Viele ältere Menschen bekommen bei einer Warnsirene Panik, weil sie sofort an die Fliegerangriffe zurückdenken müssen. Oder denken Sie an Menschen, die als Kinder oder Jugendliche missbraucht worden sind. Diese Menschen haben auch ihr Leben lang ein Trauma.

Ich kann selbst von mir sagen, dass mein Trauma noch nicht geheilt ist. Ich habe immer wieder damit zu kämpfen! Bleiben Sie stark!

7. Kapitel

Die Balance finden - Für sich selbst gut sorgen?

Die Balance im Leben halten und finden ist oft nicht leicht. In unserer Zeit, in der alles schnell geht und auch die Technik sich schnell entwickelt, fällt es umso schwerer, Momente der Ruhe zu finden.

Das Smartphone muss immer griffbereit auf Abruf sein. Keine Minute einmal Ruhe für sich. Es hilft viel, sich die Zeit für sich selbst zu gönnen. Da können wir uns nur auf uns konzentrieren. Das tun, was wirklich guttut.

Die Sorge um uns selbst sollte uns ein Anliegen sein. Viele rennen und rennen gegen die Zeit, um alles perfekt zur schaffen und hetzen sich ab. Der Stresspegel steigt und auch der Blutdruck steigt höher. Bei dem vielen Stress vergessen wir uns selbst leider zu oft.

Wir wollen Top sein im Beruf. Nie ausfallen, immer funktionieren. Das führt dazu, dass wir irgendwann ausgebrannt sind und nicht mehr können. Und das ist ein unschönes Gefühl, ausgebrannt zur sein. Es fehlt dann die Kraft. Wir sind müde und wollen nichts mehr machen. Leider sind heut zutage die Herz-Kreislauf-Erkrankungen auf dem Vormarsch. Deswegen alleine sollten wir uns gut umsorgen. Gesund ernähren, viel schlafen, Sport treiben, Hobbys haben. Denn ohne ein Hobby fehlt einem doch was. Und Erholungszeiten einbauen, die uns stärken. Balance ist schon ganz wichtig.

Arbeiten, Ruhephasen, Freizeit. Das sind die drei Punkte, worauf wir gut aufpassen sollten. Von jedem nicht zu viel. Ein Einklang sollte es sein von Körper und Seele. Bedenken Sie das immer.

8. Kapitel

Freundschaften - Wie helfen sie bei Erkrankung?

Freundschaft, gute Nachbarschaft, Clique, Stammtisch, Brieffreunde. Es gibt viele Arten, Freundschaften zu pflegen. Freunde sind wichtig. Man merkt erst, wie wichtig es ist, wenn man wirklich große Not hat. Vieles ist selbstverständlich geworden in unserer Welt. Ein Geben und Nehmen. Manchmal endet es im Streit oder man beendet einfach eine Freundschaft. Aber was bringt das, alles wegzuwerfen für nichts?

Freundschaften sollte man so gut es geht pflegen, auch wenn man sich eine Zeit nicht gut versteht. Man sollte immer einen Weg finden, um zu verzeihen und dem anderen nie die Tür verschließen.

Nicht gleich alles abbrechen. Miteinander sprechen, ehrlich zueinander sein. Das ist, was hilft und stärkt. Freunde zu haben, ist in einer Krankheit echt wichtig. Denn dieses gibt unheimlich viel. Auch wenn man nicht viele Freunde hat, freut man sich einen festen Freundeskreis zu haben, wo man immer hingehen kann, um sich zu treffen und offen zu reden. Ein gutes Freundschaftsverhältnis ist schon sehr wichtig. Egal, ob man beste Freunde ist, gute Freunde oder einfach gute Bekannte. Der **ZUSAMMENHALT** ist vor allem wichtig. Wenn es hart im Leben kommt, dann sind gute Freunde das allerwichtigste.

Ich selbst bin froh, dass ich immer Hilfe bekomme, wenn es mir richtig schlecht geht. Und das zählt. Jeder macht so etwas durch und nicht immer ist alles rosig. Streit gehört dazu genauso wie Frieden. Das dürfen wir nicht aus den Augen verlieren.

Was noch hilft, ist ehrlich miteinander zu reden. Auch bei Cliquen-Stammtischen kommt es zu Konflikten und Meinungsverschiedenheiten, weil in so einer Gruppe ganz verschiedene Menschen mit unterschiedlichen Meinungen sind.

Aber das schlimmste ist, Freunde durch den Tod früh zu verlieren. Ich spreche selbst aus meiner Erfahrung, da ich sehr oft schon Freunde zu Grabe tragen musste. Damals die fünf Mitschüler nacheinander, dann gute Freunde und Bekannte.

Oft fragt man sich dann, warum Menschen so früh sterben müssen und was das für die Eltern bedeutet. Einfach ist es nicht, weil man ja immer sagt: „Die Kinder sollen nicht vor den Eltern sterben!" Leider kann es manchmal anders herum sein. Durch Krankheiten kann es leider oft auf einmal anders sein. Es ist schwierig zur begreifen.

Ich selbst finde es immer wieder schrecklich, wenn junge Menschen sterben, weil das immer weh tut. Ich selbst habe schon bei jüngeren Menschen die Orgel gespielt und das ist wahrlich nicht einfach, bedrückend! Wenn plötzlich jemand stirbt, ist es echt grausam. Das kann alles wieder eine Depression auslösen. Wer unter Verlustängsten leidet, hat damit leider immer zu kämpfen und Ängste bleiben bestehen. Freunde und Familie zu verlieren ist einfach das allerschlimmste für einen.

Ich selbst kann heute über einiges schwer reden, das ich erlebt habe. Deswegen sollten wir die Freunde schätzen, dankbar sein dafür, mit ihnen alles erleben und jede Sekunde genießen. Ich wünsche Ihnen, lieber Leser, gute Freunde an Ihrer Seite!

9. Kapitel

Wahrnehmung - Wie sehe ich mich selbst?

Liebe Leser, wie sehen Sie sich? Wie nehmen sie sich wahr? Was denken andere über Sie? Bin ich erfolgreich? Viele Fragen, die Sie selbst bestimmt gut kennen. Was macht Sie aus? Wie ist Ihr Charakter? Sich diesen Fragen zu stellen ist schwer, weil wir nicht beurteilen können, wie andere uns wahrnehmen.

Wir sehen uns so, wie wir das Leben wahrnehmen. Die Selbstwahrnehmung kann manchmal anders sein als andere uns sehen. Man kann es oft merken, wie Menschen auf uns zu gehen, an ihrem Verhalten zu uns. Gehen sie höflich mit uns um oder eher zurückhaltend. Geht man sich aus dem Weg, redet man kein Wort miteinander.

Es ist wichtig, dass wir immer bei uns bleiben und uns nicht verbiegen lassen von anderen oder auf anderes Gerede hören. Nicht alles mitmachen, seine MEINUNG vertreten bei anderen und seinen eigenen Standpunkt behalten. Zu sich zu stehen ist manchmal nicht leicht für uns.

Ich denke, viele junge Menschen finden schwer ihren Weg, da der sogenannte Gruppenzwang besteht. Ich war früher auch immer so drauf. „Mach alles mit, mach wie die anderen." Gut war es nicht für mich. Heute habe ich mich gefunden und bin viel stärker und selbstbewusster als früher. Auch wenn es ein langer Weg für mich war. Dadurch, dass ich auszog, auch erst mit 27 Jahren, konnte ich mich noch mehr finden.

Denn ab da musste ich für mein eigenes Leben sorgen. Ich musste alles regeln und mich darum kümmern, dass die Miete pünktlich bezahlt wird, Geld für Strom da ist und Geld für Lebensmittel. Durch das alleine leben habe ich mich noch anders kennengelernt als früher.

Sich selbst spüren ist ganz wichtig. Ich wünsche Ihnen dieses auch. Dass Sie immer selbst spüren können, was gut für Sie ist. Es ist ganz viel wert und auch ein Zeichen dafür, dass man sich selbst gut kennt. Bleiben Sie immer auf Ihrem Weg! Das ist das allerwichtigste! Helfen Sie anderen, wenn sie Not haben, zum Beispiel dem Nachbarn oder den Freunden, so gut es geht.

Natürlich ist man manchmal selbst machtlos und nicht handlungsfähig, um zu helfen. Auch das werden die Menschen verstehen. Wir sollten für andere Verständnis aufbringen. Auch andere haben Sorgen.

Natürlich werden sie von den Menschen anders wahrgenommen. Nehmen Sie sich nicht immer so wichtig oder stellen Sie sich selbst nicht immer an erste Stelle. Sich auch mal in dem Hintergrund stellen ist auch mal schön, anderen ihren Erfolg gönnen. Sensibel sein, was die Menschen gerade bedrückt, bereit sein zu helfen. Helfen, auch wenn es uns selbst in dem Moment schwerfällt. So können wir uns immer wieder selbst wahrnehmen und merken was uns wirklich wichtig ist. Das Leben genießen, ob allein oder auch zu zweit.

10. Kapitel

Beziehungen - Geht das mit Depressionen?

Liebe Leser, Sie fragen sich bestimmt, ob es bei so einer Erkrankung geht, eine Beziehung zu führen und gar Liebe zu fühlen? Oder funktioniert eine Beziehung gut, wenn man selbst so erkrankt ist? Das sind schwierige Fragen. Jeder empfindet anders. Aber wir Menschen brauchen LIEBE. Besonders, wenn wir erkrankt sind. Besonders dann merken wir, was Liebe ausmacht. Liebe ist schon etwas sehr Wichtiges. Sie gibt uns Kraft und Halt.

Es ist wichtig, die Liebe der Familie immer wahrzunehmen und auch die Liebe an die Familie zurück zu geben. Besonders sollten wir die Eltern schätzen, weil sie uns großgezogen haben, uns das Leben erleichtert und uns gefördert haben. Natürlich gibt es auch Meinungsverschiedenheiten und Streit in den Familien. Aber der Streit sollte nicht alles überwiegen. Die Liebe ist das Band, das alles zusammenhält.

Auch bei Depressionen ist Liebe wichtig. Denn wenn es so heftig ist, dass man nur noch weinen möchte, ist es sehr wichtig jemanden zu haben, der einen tröstet und in dem Arm nimmt. Denn man fühlt sich in diesen Momenten doch sehr alleine und verlassen. Ich finde es sehr wichtig, in diesen Momenten nicht alleine zu sein. Weil es mir guttut, mit jemanden zu sprechen.

Für mich ist es wichtig, nicht alleine zu sein. Es ist wichtig jemanden zu haben, auch wenn man eine Erkrankung hat. Es ist sehr wichtig, dass der andere, der vielleicht gesund ist, den anderen gut versteht und sich in ihn hineinversetzen kann. Wenn beide zum Beispiel erkrankt sind und beide leiden, dann ist es sehr schwierig, dass man sich gegenseitig helfen kann. Es gibt leider viele Konflikte, wenn zwei Menschen erkrankt sind und die lassen sich leider oft nicht umgehen.

Ich wünsche Ihnen, dass Sie auch jemanden an Ihrer Seite haben, der Sie auf Ihrem Lebensweg immer unterstützt. Das ist ein großes Geschenk, jemanden zu haben auf den Sie sich hundertprozentig verlassen können. Zusammenhalt, Frieden, Glück, Vertrauen und Zufriedenheit.

Das ist es, was eine gute Beziehung ausmacht. Es ist wunderbar, jemanden zu haben, der einen genau kennt und versteht! Die große Liebe ist manchmal schwer, aber möglich. Einfach mit offenen Augen durchs Leben gehen, offen sein für neue Menschen und für neues, was auch immer uns auf unserem Lebensweg widerfährt. Auch in einer Krankheit begleiten uns Menschen. Mehr möchte ich hier nicht zu schreiben.

11. Kapitel

Hochsensibel - Wie fühlt man sich damit?

Sensibel zu sein, was heißt das? Reagiert man anders als andere Menschen? Erlebt man alles intensiver? Oder erlebt man die Welt anders als Menschen mit weniger Gefühlen? Schwierige Fragen.

Ich bin selbst sehr sensibel und kann es etwas verstehen, wie andere sich fühlen, die auch sensibel sind. Man fühlt sich sehr oft auch anders von der Wahrnehmung oder fasst viele Dinge anders auf als sie sind.

Es ist nicht immer leicht damit umzugehen, zumal es nicht planbar ist. Mal fühlt man sich gut, aber schnell kann die Stimmung schwanken. Man fühlt alles sehr intensiv. Man leidet mit anderen oder nimmt sich alles an wie Krankheiten und Todesfälle. Man fühlt alles einfach sehr tief von den Gefühlen.

Ich merke oft heute, wie sehr mich dieses sensibel sein im Leben verfolgt. Oft bin ich nah am Wasser gebaut, vor allem bei ungeplanten Vorfällen. Das lässt sich leider nicht abstellen und es ist immer eine Gratwanderung, immer wieder. Das macht mich nachdenklich. Wie reagieren andere auf mich? Oder wie nehmen mich andere wahr mit meinen Ängsten. Nehmen sie die Ängste, die ich habe, auch ernst?

Angst bedeutet auch, sich diesen Ängsten zu stellen, sich damit auseinander zu setzen, und gegen die Angst zu arbeiten, die einem im Inneren das Leben schwermacht.

Ich persönlich versuche mir immer zu sagen, dass ich gegen meine Angst ankomme und sie nicht die Überhand gewinnt. Das ist mit das Wichtigste für mich, und auch anderen kann ich dieses ans Herz legen. Wir dürfen uns nicht von anderen Ängste einreden lassen, und wir sollten auch versuchen, nicht die Angst in unseren Kopf reinkommen zu lassen.

Natürlich ist es schwer gegen Angst zu arbeiten, und es kann uns das Leben auch schwermachen. Angst können wir nicht abstellen. Todesangst z.B. kann uns sehr schwer mitnehmen. Die Angst, auf einmal zu sterben, plötzlich und unerwartet. Ja, das kann schon tief sitzen. Oder der plötzliche Verlust von anderen lieben Menschen. Ängste sind allgegenwärtig. Wir müssen uns damit auseinandersetzen und uns damit beschäftigen. Daran arbeiten, damit sie uns nicht das Schöne am Leben nehmen.

Als Mensch, der hochsensibel ist, macht man sich auch oft Sorgen und man nimmt leider sehr viel auch negativ auf und empfindet es auch so. Das ist auch eine Kunst und eine Gratwanderung für einen selbst. Wenn man als Mensch es sehr spürt, wenn andere leiden oder auch, wenn etwas nicht stimmt, das ist schon schwer. Auch zu lernen, nicht alles an sich heran zur lassen, ist schwer.

Mit jedem Menschen mitzuleiden, der krank ist oder dem es nicht gut geht, das ist fatal. Ich habe viele Jahre gebraucht, um damit umzugehen und mich abzugrenzen.

Ich wünsche es jedem, der das vielleicht auch spürt, dass er sich Zeit für sich nimmt. Wie es heute heißt: „Work-Life-Balance!" Arbeiten, leben und die Balance für sich finden. Das ist nicht immer leicht.

Ich habe durch Sport und Fitness mein Gleichgewicht im Leben wiedergefunden und die Depressionen besiegen können. Und die MUSIK, die mich täglich begleitet, dass macht mein Leben aus.

Auch das Gehaltensein von anderen Menschen, die einen verstehen und auch so nehmen, wie man ist. Hochsensibel zu sein ist wahrlich nichts Schlechtes und auch etwas Gutes, denn: Wir spüren vielleicht mehr und tiefer als andere und das gibt auch Schutz.

12. Kapitel

Leben in einer „schnellen Zeit"

„Ach, die Zeit rennt schnell!" „Nächstes Jahr werde ich schon 30!" „Wo sind die Jahre geblieben?" Das werden sich viele Menschen fragen, die auf ein neues Alter zugehen oder in einen neuen Lebensabschnitt starten.

Meine Eltern sagen immer: „Gott sei Dank sind wir nicht mehr so jung! Wir haben vieles erlebt, wir können das Leben betrachten und auch mit Krisen besser umgehen." Ja, sie haben schon recht. Sie sind in einer anderen Zeit groß geworden, wo die Zeit noch etwas langsamer voranging als heute. Man kann sie verstehen, die Menschen um 50, 60, 70+, wenn sie sagen: Wir gehen das Leben langsamer an.

Mir fällt immer wieder auf, dass man von diesen Menschen vieles lernen kann für sein eigenes Leben. Oder auch von älteren Menschen, wenn sie sagen: **„Wofür sollen die jungen Menschen dankbar sein – sie kennen es nicht anders, dankbar können sie sein, wenn sie das Gegenteil wissen!"** (Prof. Lotte

Tobisch 1926 bis 2019). Sie äußerte dieses in einem Forum „Europadialog" in Wien. Ja, sie hat recht. Wir jungen Menschen kennen kein Hungern oder nicht zu wissen, was wir am nächsten Tag essen sollen. Wir haben nie das Gegenteil erlebt, den Krieg oder dass die Grenzen geschlossen sind. Wir kennen es nicht.

Das Reisen ist leicht heutzutage. Wir können mit günstigen Flügen um die ganze Welt reisen. Bei uns ist der Tisch immer reich gedeckt, zumindest bei den meisten.

Aber es gibt auch andere Menschen, die trotz des Wohlstandes hungern müssen. Unsere Träume sind Smartphone, Autos, Kleidung und vieles mehr, was wir uns an Träumen erfüllen möchten. Meistens gelingt es uns auch.

Die Zeit, in der wir groß werden und leben ist eine andere Zeit. Eine Zeit des Umbruches, eine Zeit des Klimas, eine Zeit der großen Weltmächte und des Brexit.

Ja, ich merke selbst, wie die Zeit sich wandelt. Und wie die Menschen versuchen trotz allem zu leben. Ja, das Klima hat sich auch sehr verändert. Und es wird noch einiges kommen, das wir erleben werden.

Manchmal macht man sich Gedanken, wie es wohl weitergeht. Wir haben sehr viel erlebt auch in unserem Land. Die Kriege, die Wiedervereinigung. Ja, wir müssen zusammenhalten und auch in unserer Zeit Werte für uns behalten und bewahren.

Freundschaft, Vertrauen, Verlässlichkeit, Ehrlichkeit. Wer weiß, was heute kommt, wer weiß, was uns noch erwartet. In 60 Jahren kann alles wieder ganz anders sein. Seien wir dankbar, wenn es uns gut geht. Wenn wir genug zum Essen haben. Seien wir auch dankbar, dass wir nicht alleine durchs Leben gehen müssen. Denn wir sind alle Menschen, die aufeinander angewiesen sind und das sollten wir niemals vergessen.

Wir können auch dankbar dafür sein, dass wir eine Europäische Union haben. Viele Fragen müssen noch überstanden werden, Krisen, große Krisen oder auch unsere persönlichen Krisen in unserem Leben. Bleiben wir immer uns selbst treu und dass wir von unseren Eltern etwas gelernt haben.

Bewahren wir auch, was wir tief in unseren Herzen tragen. Das Leben birgt immer eine Gefahr. Das Leben arbeitet auf den Tod hin. Schon bei unserer Geburt sind wir wieder auf einem Weg, der uns zurückführt zu dem, was wir nicht wissen und wovor viele Menschen Angst haben. **„Geliebt wirst Du einzig, wo Du schwach Dich zeigen darfst, ohne Stärke zu provozieren."** (Theodor W. Adorno 1903 bis 1969).

Was meinte Adorno mit dieser Aussage? Dass du auch geliebt wirst, auch wenn du mal schwach bist. In manchen Momenten zeigst Du Schwäche, ohne dass du vor Menschen Stärke provozierst. Schwach zu sein, bedeutet nicht ein schwacher Mensch zu sein. Jeder hat Momente, in denen er zweifelt und nicht mehr weiterweiß und andere Menschen um Rat fragen muss. Und das ist kein Verbrechen, andere um Rat zu fragen.

Ich habe auch gelernt, dass es besser ist um Rat zu fragen anstatt alles für mich selbst zu entscheiden. Natürlich, vieles entscheide ich selbst. Aber wenn ich mir unsicher bin, bitte ich jemanden um Hilfe. Das gibt mir Sicherheit und Selbstvertrauen. Dadurch habe ich schon viel gelernt, durch Fragen und mit anderen zu reden.

Ja, und so ist es auch. Unsere junge Generation wächst auf und natürlich haben wir auch Probleme. Es ist nicht alles leicht auf unseren Schultern zu tragen. Wir können aber durch verantwortungsbewusstes Handeln lernen, mit dem zu leben, was wir haben und das sollte uns glücklich machen. Und auch als junge Menschen kann uns eine schwere Krankheit ereilen, die unheilbar ist und uns auch den Tod bringen kann.

Auch wir müssen dann damit leben und mit der Zeit, die uns noch bleibt. Und dann sollen wir hadern? Hadern mit unserem bisherigen Leben? Ich glaube, es ist schwer diese Frage zu beantworten, wenn man nicht selbst in dieser Lage ist. Jeder hängt an seinem Leben und jeder kämpft um sein Leben und sein Dasein. Jeder Tag ist auch ein neuer Kampf, der uns begleitet und immer wieder neuen Herausforderungen stellt. Auch die Frage der Liebe beschäftigt uns: "Was bedeutet heute noch Liebe? Was ist noch wahre Liebe in der Zeit des schnellen Lebens?" Das sind tiefe Fragen und darauf zu antworten, ist wahrlich auch nicht leicht.

Liebe heißt zusammenhalten, auch wenn das Leben mal schwierig wird oder auch, wenn es Streit gibt. Liebe ist ein großes Wort, AMORE auf Italienisch. Liebe ist nicht immer nur Sex und der Spaß im Bett. Liebe ist auch füreinander zu sorgen und auf den anderen zu achten. Die Achtung vor dem anderen haben und sich selbst treu bleiben.

Wir sind alle Menschen. „ECCE HOMO!" - Seht den Menschen! Schon berühmte Schriftsteller haben diesen Satz zitiert. Und wir sind alle Menschen. Jeder Mensch sehnt sich nach Liebe und Geborgenheit. Leider wird dieser Wunsch nicht jeden erfüllt und leider gibt es auch Missbrauch der Liebe oder den Wunsch von unerfüllter Liebe. „ECCE HOMO!" Sehen wir uns selbst mal an und denken daran, was uns an Erfüllung im Leben fehlt. Es ist schwer, weil jedem Menschen etwas Anderes fehlt.

Weil die Bedürfnisse anders sind und Erwartungen an das Leben anders sind als diejenigen Erwartungen, die wir selbst haben. Wir sollten immer daran denken, dass wir nicht alleine auf der Welt leben. Ein Onkel sagt immer treffend: „Du bist nicht das Zentrum der Welt!" Und es ist so. Wir sollten uns verlassen können auf uns und auch auf unser Gegenüber. Auf den Nachbarn, den Freund und die Familie. Treffend gesagt: „Lassen wir niemanden im Stich, der uns wichtig ist!".

13. Kapitel

Was bedeutet Reisen für uns?

„Reisen bildet!" Reisen erweitert den Horizont unseres Denkens. Reisen macht glücklich. Reisen eröffnet uns neue Welten und Erlebnisse. Das sind bekannte Wörter.

Es stimmt, wenn man eine Reise macht an einen Ort, wo man noch nie war oder eine Weltreise um die Welt. Ja, es gibt auf unserer Welt viele tolle und schöne Orte von Norwegen bis nach Afrika oder Neuseeland. Ja, man könnte einmal um die Weltkugel reisen und zurück.

Ja, ich habe auch schon viel gesehen auf der Welt. In jungen Jahren war ich schon in London, in Dänemark und an der Nordsee.

Ja, es war gut schon zu sehen, wie es woanders anders aussieht auf der Welt, in anderen Kulturen. Und später dann war ich in Griechenland und am meisten in Norwegen, da mich das Land im Norden sehr interessiert.

Ja, in Norwegen war ich schon im Süden. In Mittelnorwegen war ich bis Alesund. Das liegt höher im Norden. Das Land der Fjorde ist so sehenswert und die Landschaft einmalig schön. Berge und Meer zusammen, das ist schon etwas, das man sich nicht entgehen lassen sollte. Man kann viel dort sehen und erleben und auch Angeln mit großen Erfolg. Fische gibt es dort genug. Ja, Reisen ist schon toll. Man sieht sehr viel und auch das bildet uns.

Die Schweiz habe ich auch schon oft gesehen. Als Kind war ich in Davos zur Kur. Die Schweiz, das kleine Land der Eidgenossen, ist schon ein vorbildliches Land. Ja, die Schweizer haben eine gute Einstellung zu ihrem Land. Dort wird alles zusammen abgestimmt, auch über die Gesetze. Ja sehr interessant ist dort das Zusammenleben. Wilhelm Tell hat dort auch gespielt, was viele von Ihnen bestimmt kennen. Reisen wir weiter.

Früher hatte ich Angst vor dem Reisen. Angst, eine Zeit weit weg zu sein von Zuhause. Auch vor dem Fliegen habe ich Angst gehabt. Es war eine große Überwindung immer, dass ich in ein Flugzeug steige. Aber ich habe die Angst besiegt und bin geflogen. Hinterher sagt man sich: „War doch gut!" Gut, dass du mitgeflogen bist.

Wenn man dann in einem anderen Land ankommt, ist man beglückt. Andere Luft und anderes Klima und anderes Essen, das man probiert.

Ich erinnere mich gerne zurück an die Fahrten nach Norwegen. Mit dem Auto erst nach Hirtshals, dann auf die Fähre dort und eine Nacht fahren nach Bergen. In den Abendstunden geht es oft los und morgens steht man dann am Deck oben und sieht die tolle Landschaft von Norwegen, die Schärengärten im Süden. Man fährt Stavanger an, von dort dann weiter immer Richtung Bergen in den Bergenfjord hinein. Ringsherum kleine und große Schiffe, die um die große Fähre herumfahren.

Wirklich BEEINDRUCKEND. Es geht sehr tief ins Herz hinein. Dann verlässt man die Fähre und entdeckt die Stadt Bergen. Mit 281.190 Einwohnern ist sie die zweitgrößte Stadt Norwegens. Sie ist die Stadt, in der Edvard Grieg lebte und „Peer Gynt" schrieb. Er lebte auf Troldhaugen und komponierte dort viele Werke. Der berühmte Deutsche Kai „Tyske Bryggen" („Deutsche Brücke") und die Hanse mit vielen Holzhäusern. Der berühmte Bergener Fischmarkt mit sehr vielen leckeren Fischspezialtäten. Da läuft einem das Wasser im Mund zusammen. Man sollte sich ein leckeres Fischbrötchen gönnen.

Man kann viele Stunden in Bergen verbringen, es ist auch eine Studentenstadt. Dort ist sehr viel los. Viele Cafés und Geschäfte. Es ist auch schön sich die alten Gassen anzuschauen. Es lohnt sich immer. So beginnt der Norwegenurlaub schon super. Von dort aus beginnt dann die Fahrt zum Ferienhaus. Es kommt darauf an, wohin man möchte. Urke ein sehr kleiner Ort. Dort leben 52 Menschen am Nordfjord. Es dauert schon einige Stunden.

Urke liegt in der Nähe des berühmten Geirangerfjordes, den sehr viele kennen, mit den berühmten sieben Schwestern (Wasserfälle) und den kleinen Berghöfen am Hang. Urke liegt sehr in der Natur, mit Bootsanleger und einen kleinen Landhandel. In der Nähe liegt das Hotel Union Oye. Dort übernachtete schon Kaiser Wilhelm II, ein echter Norwegenfan. Der Ort ist sehr schön und auch ruhig. Dort kann man sehr gut zur Ruhe kommen. Man kann direkt angeln fahren auf dem Fjord. Man kann je nach Wetter auf den Slogen steigen und die Patchellhütte erwandern. Sehr sehenswert! Dafür lohnt sich der Aufstieg.

Es gibt viele Routen, die man erwandern kann. Man wird immer wieder beeindruckt, was Norwegen zu bieten hat. Dann kann man von dort aus immer auch Touren unternehmen, z.B. in die Umgebung zu den Stabkirchen, die auch eine Besonderheit sind. Eine Reise, auf die man sehr viel mitnehmen kann und auf der man auch für sich wieder neue Kraft tanken kann. Eine wohltuende Entspannung kommt dann auf einen plötzlich zu, je länger man dort in der Ruhe und Abgeschiedenheit ist. **„Desto weiter ich reise, desto näher komme ich an mich heran. Leute, die alles bedenken, ehe sie einen Schritt tun, werden ihr Leben auf einem Bein verbringen"**. (Anthony de Mello).

Ja, die Zitate sagen es auch. Wenn wir nur an einem Ort, wie unserem Heimatort sind, desto weniger werden wir von unserer Welt sehen. Desto mehr kennen wir nur diesen ORT und nur diese Umgebung. Je weiter man reist, umso mehr öffnen sich neue Welten für uns.

Junge Leute sind heute oft auf „Weltreise". Zwei Jahre oder noch länger sind sie weg. Es ist die Zeit heute. Man reist, um alles zu sehen. Je mehr, desto besser. Um jeden Winkel und jeden Fleck der Erde zu sehen. Das ist schon super.

Ja, je älter man wird, umso mehr ist man schon gerreist. Und man kennt schon einiges. Von der Sonne des Südens in die Kälte des Nordens. Man kann alleine reisen, in der Gruppe oder nur zu zweit. Alleine zu reisen ist immer eine Herausforderung. Ja, da muss man alles alleine regeln und meistern.

Mit wenig Erfahrung in Fremdsprachen ist man ziemlich einsam. Wir sammeln nur Erfahrung dadurch, dass wir losreisen und versuchen, auch in fremden Ländern klarkommen. Es kostet viel Mut und es fordert uns als Einzelperson und auch als Mensch heraus.

„Wege entstehen dadurch, dass man sie geht" (Erich Kästner). Diese Wege sollen wir immer einschlagen, wenn uns die Lust überkommt, zu reisen. Einfach los, auf und davon. Auf in eine neue Welt oder in ein neues Land. Das weitet unseren Horizont.

Einen neuen Ort zu erleben und zu fühlen, kann uns schon sehr viel bedeuten. Wenn man nur die Heimat sieht und nie wegkommt, wie soll man dann anderen erzählen, wie schön die Welt ist? Wie viele Länder unsere Erde zu bieten hat! Je älter man wird, umso mehr schätzt man das Reisen und die Erfahrungen, die man dort mitnimmt.

14. Kapitel

Corona-Krise - Krisenjahr 2020

Der Jahreswechsel 2019/2020 war ein Wendepunkt für uns alle, den wir noch nicht ahnen konnten. An diesem Abend war es sehr nebelig. Eigentlich kein Wetter zum Feiern gehen und auch kein Wetter um sich draußen zu bewegen. Es war ein grau verhangener Himmel. Man konnte vor Nebel nicht mehr erkennen, wo was ist und wo was steht.

Ja, es war schon vielleicht eine Vorbereitung auf das, was uns dann im Februar und März wie eine Welle überrollte. Es zeigte uns Menschen, ob jung oder alt, was LEBEN ist und was Leben in eine Krise, in eine weltweite Krise hineinstürzen lässt.

Jede und jeden von uns auf eine eigene Art und Weise. Jeder geht damit anders um. Es ist schon eine Erfahrung. Mit fast 30 Jahren, die ich im Juni werde, habe ich so etwas, wie es jetzt ist, noch nie erlebt.

Kontaktbeschränkungen, Reiseverbote, Freizeit auf Eis gelegt, kein Besuch in der geliebten Stammkneipe mit den Kollegen. Reduziert auf die **Kernfamilie**, auf die Eltern, wenig Kontakt zur den Nachbarn und anderen Menschen.

Es ist schon eine Lebenserfahrung für uns. Vielleicht auch das, womit niemand rechnen kann. 2019 war das Leben noch heiter. Es gab schon die politischen Verstrickungen und die kleinen Krisen der Menschen.

Die Kriege, die Not und die Armut waren auch da. Ja, es war ein heiteres Jahr und ein heißer Sommer, den hatten wir auch. Wir waren verwöhnt von der Sonne. Ich denke, wir konnten es auch noch nicht ahnen, dass uns ein Virus überkommt. Wir ahnten auch noch nicht die Folgen für die Menschen und die Wirtschaft.

In den Kapiteln vorher schreibe ich ja über die Ängste und Krisen, die wir Menschen haben. Als ich dieses schrieb, konnte ich noch nicht wissen, was das kommende Jahr an Veränderung und Erfahrungen mit sich bringt.

Es ist eine Herausforderung für jeden persönlich damit umzugehen und dann in der Krisenzeit mit Ängsten und Sorgen zu leben. Das Leben ändert sich radikal und es wird anders. Jeder, ob jung oder alt, geht damit anders um. Jeder verarbeitet es auf seine Weise! Zusagen, was in einer Krise zählt, sind: Zusammenhalt, Freundschaft, sich gegenseitig zu helfen und auch zusammen Trauer auszuhalten.

Das Corona-Virus ist auf uns zugekommen ohne Ankündigung und Vorzeichen. Ich würde sagen „Gut – Geld". Es gibt vieles auf der Welt und auch uns gibt es nur einmal auf der Welt.

In der Krise wird auch unser Leben in Frage gestellt. Ja, auch die Dankbarkeit über das, was wir haben und was wir nicht mehr haben in einer Krise. Vieles haben wir ja gehabt vor der Krise, ausgehen und feiern. Fitness, Kultur, Ausflüge und Reisen in andere Städte. Verwandte besuchen und noch so viel mehr, was uns doch als Menschen sehr wichtig ist und uns viel bedeutet.

Was bedeutet eine Krise für uns untereinander? Sehr viel und auch eine Lebenslehre für die Jüngeren. Ängste, die uns innerlich antreiben. Wie empfinden wir uns in der Krise? Das ist eine schwere Frage.

Ja die Krise beschert uns selbst das, was wir Unglück nennen. Unglück in der Krise. Unglück für uns alle oder auch für uns Einzelnen persönlich nah. Nur wir können es spüren, was uns in dieser anderen Zeit 2020 bewegt und was wir daraus machen für uns selbst und was uns guttut!

Das, was wir tun können, ist zusammenzuhalten und anderen Schutz zu geben. Ja, diese Krise wird uns noch lange begleiten. Wer weiß wie lange? Das kann keiner von uns beantworten.

Und auch die Folgen für uns als Menschen. Was tragen wir davon aus einer Krise? Was verändert uns? Wir können die Krise auch für uns selbst als Neubeginn nutzen oder auch um uns selbst weiterzuentwickeln in dieser Zeit.

Neue Wege finden für sich, den Horizont erweitern. Und diese Wege bestehen. Dabei sollen wir das Ziel und das, was uns antreibt, nicht aus den Augen verlieren. Wir Menschen werden in so einer Krise wie jetzt sehr gefordert. Wir müssen auf Abstand gehen, auf Abstand leben. Keine Umarmungen, kein Händeschütteln. Es fehlt alles und wir müssen uns den Schutzmaßnahmen unterordnen.

Es trifft jeden von uns, Menschen aus jeder Schicht. Wir müssen damit leben und sind dem schutzlos ausgeliefert. Wir, das sind wir Menschen, die in der Krisenzeit leben. Wir müssen und können es nicht ändern, in diesem Zustand zu leben. Zu leben, ja mit dem Virus Corona leben, das ist leider jetzt, was wir Menschen gerade erfahren.

Letztes Jahr war alles noch gut, es wurde gefeiert, Geburtstage, Schützenfeste, Disco. Ja, das war alles möglich, das lustige und befreite Leben.

Einfach Freiheit, so würde ich es ausdrücken. Ich möchte sagen, dass es für junge Menschen auch schwierig ist, in dieser Zeit „klar zu kommen", wie sie es zu sagen pflegen. Es ist immer ein Einschnitt, die Freiheit, die man hatte, abzugeben, wenn es von der Regierung so angeordnet wurde, natürlich unter dem Aspekt der Gesundheit.

Ich denke Sie vermissen das gute Leben, Zusammensein mit Freunden, das freie Leben, das wir hatten. Für sie ist es auch eine Herausforderung. Genauso schwer fällt es, wenn man die eigene Familie nicht mehr besuchen kann oder auch die Großmutter im Seniorenheim.

Ja, sie bringen auch Opfer. In der Krise sind diese Menschen isoliert und es ist für sie auch sehr schwer keinen Kontakt zu haben. Besuchsverbote werden ausgesprochen. Dadurch sind es die Mitarbeiter, die in der Krise dann diesen Menschen Halt geben, damit sie ihren Alltag leben können.

„Es war schon Glanz in der Welt"! (T.W. Adorno). Ja, Glanz war da, bevor die Krise war. Ein Glanz, der für uns selbstverständlich war. Wir gingen aus und wir trafen uns an der Theke, wir tranken Bier zusammen. Wir lebten einfach unser Leben ohne auch daran zu denken, dass wirklich eine Krise eintritt, die unser schönes Leben so schnell verändert.

Wir sprechen ja auch sehr viel über Zusammenhalt. In einer Krise wird das alles auf die Probe gestellt. Es ist wie eine Probe, auch wie man so eine Krise übersteht und ob sie noch mehr gefestigt ist. Warum muss das alles sein? Es ging uns doch so gut. In der Zeit vorher gab es Saus und Braus. Ja in einer Krise werden auch Wahrheiten ans Licht gebracht. Oder Skandale, wie es in unserem Ort geschehen ist. Darauf möchte ich aber nicht näher eingehen. Luxus! - Was bedeutet er für uns? Teures Essen, teurer Wein oder das teure Kleid. Keiner fragte uns. Wer denkt an sowas.

Was ist persönlicher Luxus? Das kann man nur sich selbst fragen. Ja, stellen Sie sich selbst diese Fragen. Es ist nicht leicht, da jeder Luxus anders empfindet, als der andere. Ja, es hat sich dadurch manches in unserer Welt verändert.

Es wird digital. Ein digitales Leben wird entwickelt. Digitale Sitzungen, digitale Parteitage, digitaler Unterricht, digitale Konzerte. Ich selbst habe Erfahrung gesammelt mit Online-Livestream von Orgel-konzerten, um so die Menschen trotz allem mit der Musik zu erreichen.

Weil die Musik auch heilt und sie auch den Menschen Fixpunkte bzw. eine Struktur in einer „nicht normalen" Zeit vorgeben kann.

Musik gibt Kraft in schweren Zeiten. So können Menschen auch zusammenfinden. Ja, den Menschen gibt es auch Kraft und das spürt man auch sehr tief im Herzen. Alleine die Vielfalt, die uns die verschiedenen Musikstile bieten. Können wir uns ein Bild davonmachen, was Musik in uns auslösen kann?

Manche bevorzugen Pop, Hip-Hop, Rock oder auch Klassik. Jeder so, wie er empfindet. Wenn man selbst Musik macht, empfindet man es oft anders, weil man beim Üben der Stücke und bei der Vorbe-reitung der Konzerte sehr in die Musik eingebun-den ist.

Es nimmt einen sehr ein und so verändert sich auch die Wahrnehmung der Gefühle. So kann man auch in einer ausweglosen Lage Freude und Kraft schenken!

Ich wünsche, dass Sie es auch empfinden können. Auch, wenn es sehr ausweglos erscheint. Und das möchte ich Ihnen sehr gerne ans Herz legen: Die Freude behalten auch in einer Notzeit, in einer ausweglosen Lage, die Sie im Leben erfahren. Dass es auch einen Anker gibt, an dem Sie sich festhalten können.

Ja, einen Halt, den brauchen wir. Oder auch einen Menschen, der uns Mut gibt und mit dem man zusammen die Krise überstehen kann. Menschen helfen Menschen. Sie geben Menschen Halt. So etwas erleben wir ja gerade in dieser Zeit. Man rückt „näher zusammen", man hilft und unterstützt sich gegenseitig.

Es gab in den Jahren schon immer besondere Zeiten, die wir Menschen aushalten und durchstehen mussten. Ja, wir erleben im 21. Jahrhundert diese Zeit.

Wir müssen uns umstellen als Menschen. Wir müssen viel in Kauf nehmen. Es ist alles geschlossen worden, natürlich für unsere Gesundheit. Daran ist allen gelegen. Dafür verzichten wir auf soziales Leben, das wir immer kannten. Wir verzichten auf unsere Freizeit, wir verzichten auf das, was uns wichtig ist, nach der Arbeit. Das, was unser Leben auch schönmacht. Menschen zu treffen, Beziehungen zu führen.

Es geht vieles auch leider durch diese Zeit kaputt. Wir Menschen leben auch in schwierigen Zeiten als Menschen unter Menschen zusammen. Verunsicherung durch die Medien und die Presse. Es ist immer eine Gradwanderung zwischen uns und anderen. Wir sind alle verbunden irgendwie. Ein Kapitel für unser Leben, eine Lehrzeit für uns Menschen. Eine besondere Zeit, die - ob jung oder alt - jeden prägen wird!

Viele werden sich auch fragen, wie es nach der Krise weitergeht. Was wird aus unseren Beziehungen oder auch lieb gewonnen Menschen? Reisen in der

Krise? Ja, das ist auch ein schwieriges und viel diskutiertes Thema in dieser Zeit.

Durch die Reisewarnung durfte man nicht den gewünschten Sommerurlaub in der Sonne antreten. Man sollte lieber in Deutschland reisen, da man so das Virus besser unter Kontrolle hat. Auch Heimaturlaub kann schön sein, selbst wenn, wie überall, die Beschränkungen da sind. Im Urlaub 1, 5 Meter Abstand halten, Einkaufen mit Mundschutz oder Essen gehen nur mit zwei Haushalten!

So beherrscht auch dort das Virus unsere Gedanken und Handlungen. Es ist nicht „Urlaub", so wie wir es gekannt haben, da die Freiheiten sehr eingeschränkt sind. Denken wir nicht dann ans Aufgeben? Ich denke, vielen von Ihnen ist es so gegangen. Bei so etwas, was wir erleben, ist es ja auch schwer den Mut zu behalten und den Mut nicht zu verlieren.

Wir betrachten unser Leben in Beschränkungen anders als es vorher ohne diese Einschränkungen im Alltäglichen war. Hinterher fragen wir uns dann auch selbst, ob es alles so richtig ist, was passiert.

Eine schwere Frage an uns und auch an die Mitmenschen. Vieles kommt ans Licht in der Krise, was verborgen war. Feindschaft, Misstrauen, Freundschaft, Liebe. Jeder denkt zuerst an sich und nicht direkt an die anderen Menschen. An unser Inneres, an das was uns hält und täglich trägt. Wird das nicht ernsthaft auf die Probe gestellt mit den vielen Lebensfragen? Und auch die Antwort zu finden.

Wahrlich ist es schwer für uns oder auch schwierig, sich solchen Lebensfragen zu stellen. Sich den Ängsten, die wir nicht kennen, zu stellen. Wie wirken wir dem allen entgegen, wenn wir Altgewohntes verlassen oder für immer und ewig begraben müssen? Kontakte verlieren oder auch Freunde verlieren. Uns verlangt dieses Leben so viel ab. Das kann man auch schwer beschreiben.

Meine Erfahrung ist, dass es mir hilft, an dem fest zu halten, was schön war, und was mich im Leben hält. Auch Freude empfinden, Freude teilen mit anderen. Humor nicht zur verlieren. Humor ist sehr wichtig, auch wenn etwas ausweglos erscheint. Er trägt uns doch!

Für viele ist das, was passiert auch ein Abgeben von dem, was sie gern gemacht haben. Weil es geldlich nicht mehr in ihrem Betrieb geht, müssen sie aufgeben. Das tut weh, und das sind die Folgen in der Wirtschaft. Wenn alles zusammenbricht, dann bleibt nicht mehr viel. Es ist schwierig anzuordnen, was richtig ist und was wie passieren muss.

Ein Leben wie es vorher war, wird es das wiedergeben? Wie wird es aussehen, ein Leben ohne Discos, ohne Bars, Musikschulen oder Konzerte? Mögen wir uns das alles ausmalen.

Wie empfinden es die Kinder? Sie haben auch gelitten in der Zeit ohne Kindergarten und Schule. Ihnen fehlten auch die Kontakte, die für ihre Entwicklung wichtig sind. Eltern mussten eine Menge leisten, ihre Kinder betreuen, unterrichten, Freizeit geben und auch versorgen. Wirklich viel, wenn man bedenkt, dass die Eltern noch Voll- oder in Teilzeit arbeiten. Es war für sie auch eine Herausforderung.

Ja, und denken wir an uns, wie es war. Plötzlich ist alles still. Plötzlich mussten wir uns mit uns selbst beschäftigen, über Wochen hinweg. Monate für uns sein, uns beschäftigen und neue Wege finden, es zu meistern und zu schaffen. Ich denke, es war nicht für jeden leicht mit sich selbst diesen Weg zu gehen. Es war schon eine neue Herausforderung. Wir waren auf uns selbst gerichtet auf unser Fühlen, Denken und Handeln.

In dieser Lage lernen wir das Leben richtig kennen, und es ist auch für uns Menschen eine Lebensaufgabe, dass wir trotz allem noch das Leben schätzen. Dankbar zu sein für das, was wir haben. Familie, Freunde und unsere Arbeit. Ja, es ist schwierig die richtigen Antworten darauf zu finden. In dieser Lebenslage noch uns selber treu zur bleiben und auch uns zu lieben.

Ich möchte gerne dort an diesem Punkt weitererzählen, wo ich aufgehört habe zu erzählen. Ich war heute unterwegs, nachdem es am 18.05.2020 wieder gelockert wurde.

Wieder unterwegs etwas erleben, einfach versuchen zu dem gewohnten Alltag zurück zu finden. Es ist wirklich schwer und auch nicht einfach nach dieser Zeit. Es ist schwer zurückzufinden in den normalen

Alltag, den wir alle gekannt haben. Eine „Lehrzeit" für uns alle, die wir es erleben. Auch für diejenigen, die daran zweifeln ob alles wirklich wahr ist. Ob es wirklich so sein kann, dass wir nicht mehr alle zusammen etwas unternehmen können? Oder auch loslassen von Altem.

Vieles haben wir gehen lassen in dieser Zeit und mussten davon loslassen. Keine großen Feste und Feiern, ob privat oder im Verein. Keine Discos oder was sonst Menschen Freude macht. Das sind schwierige Punkte in der Krise, die uns zeigen: Nicht alles ist geschenkt oder verdient. Es passiert einfach so. Ohne unser Zutun als Menschen. Und wir haben es auch nicht in der Hand, wir können nicht unsere Augen davor verschließen. Wie Fontane schon sagt: „Halbfremd!" So sehen wir es ja auch vielleicht.

Auch die Welt in der Krise ist eine fremde Welt, die vor uns steht und die jetzt ist. Eine „Endzeit", würden viele sagen oder auch eine Weltveränderung, die eintritt. Eine neue Zeit oder eine Zeit nach der Krise, wenn man das jetzt schon so schreiben kann.

Wir wissen nicht, wie lange es noch so geht. Und wie wird es nach der Krise auf der Welt für uns alle sein, die wir auf der Welt leben? Was wird sich von Lebensweisen verändern? Unser Zusammenleben und auch unser menschliches Miteinander?

Das Leben nach der Krise, wie wird es sein? Wenn die Krise noch weitergeht und das Virus nicht behandelt werden kann? Sich damit zu befassen ist schwierig für uns, weil es tiefgeht und uns auch uns nach dem Sinn des Lebens fragen lässt!

Der Sinn des Daseins hier auf Erden. Ich denke, es werden noch viele Fragen kommen. Fragen von Menschen an Menschen, an die Politik und auch Fragen an die Forscher. Es können ungeduldige Fragen kommen oder auch Fragen, die aufwühlen. Wie kann ein Leben auf Abstand weitergehen?

Auch, wenn Lockerungen eintreten, sind sie lange da. Alles einfach ungewisse Fragen. Wie wird es weitergehen und wie kann es weitergehen hier mit uns und dem Virus? Was können wir uns zumuten und was nicht? Wie weit können wir gehen ohne uns in Gefahr zur bringen? Oder sind die Gefahr und unsere Angst so groß, dass wir nur noch daheim bleiben aus Sorge vor Ansteckung? Es bleibt zu hoffen, dass das Virus nicht unser Leben hier verfolgt und auch zur Belastung wird für viele Menschen, egal welchen Alters!

Es sind alle die gleichen Fragen des verzweifelten Menschen. Menschen sind in Notzeiten anders als zu normalen Zeiten. Und auch die Frage, warum nicht jeder Mensch aufsteht und auf eine Demo geht, um gegen die Maßnahmen vorzugehen. Nicht alle trauen sich heraus um offen die Meinung zur sagen. Man kann nicht alle Menschen und ihre Gedanken, die sie haben, mit sich selbst vergleichen. Menschen können lernen, das Leben auch in Notzeiten flexibel zu gestalten, in Lagen, die für den Menschen ganz schlimm sind oder kaum aushaltbar.

Als Menschen sind wir verbunden, sehr tief! Das Gefühl, nicht alleine zu sein. Nicht alleine gelassen zu werden, gerade wenn das Leben zu entgleisen droht.

Ich denke jeder hat so einen Menschen oder eine Vertrauensperson, der er alles sagen kann. Sorgen, Angst, Kummer. Wir Menschen sind so geschaffen worden, um uns zu helfen und beizustehen. Das muss und sollte uns antreiben und auch nachdenklich stimmen.

Ich denke auch nach so einer Phase oder in einer Phase des Lebens auf Abstand. Ich stelle mir die Frage, wie es weitergeht mit der Jugend, ohne Discos und Bars.

Ich denke viele haben kein Hobby oder eine Beschäftigung, die sie im Leben ausfüllt. Dabei denke ich oft an einen Song-Text von Amy McDonald. Sie sang damals das Lied: „This Is The Life!" (Deutsche Übersetzung: „Das ist das Leben!"). Und es spricht aus, was wir gerade erleben. Das ist unser Leben, die Pandemie, die Folgen daraus und die Veränderung in unserem Leben. Auch Musik wie z.B. Schlager können uns helfen, etwas zu verarbeiten.

Menschliches Leid macht auch in der Krise nicht Halt. Es kommt plötzlich und wir müssen lernen, mit dem Verlust umzugehen. Auch dieses passiert leider sehr oft, auch in Not. Nicole sang 1982 das Lied: „Ein bisschen Frieden". Für die Menschen, das nichts geschieht. Ein bisschen Frieden, ein bisschen Sonne, ein bisschen Wärme wünsche ich dir, dass die Menschen nicht oft weinen. Ja, es ist sehr ausdrucksstark. Suchen wir Menschen nicht in diesen Liedern die Hoffnung? Schweißt es nicht zusammen, uns als Menschen?

DU wie ICH, ICH wie DU. Ich denke, das treibt uns an. Auch Schlager geben uns Halt, genauso wie Kirchenlieder oder auch Geistliche Musik. Sie drücken auch sehr viel davon aus, was wir fühlen und denken, was wir nicht sagen können.

Die Gefühle in der Musik sprechen uns an, auch in Zeiten von Kummer und Not oder auch Freude. Wir vermissen das alte Leben vielleicht, wie es vorher war, bevor die Pandemie uns einholte.

Gehen wir nochmal zurück zu dem Ausdruck von Adorno: **„Es war schon viel Glanz in der Welt!"** Wenn wir zurückdenken an die Zeit im Februar und März 2020, wo es so normal war, was wir taten.

Ausgehen, sich treffen, Konzerte besuchen und Fitnessstudios. Es war normal für uns. Es war Alltag. Das, was wir taten und keiner hat gefragt, ob es eine Zeit geben wird, wo es alles nicht mehr für uns möglich ist.

Ich muss selbst sagen, dass es einfach normal für mich war. Auf Partys zu gehen und ins Fitnessstudio. Man hat das einfach gemacht. Man ging los ohne Hintergedanken oder Ängste, die heute da sind. Man fragte sich nicht: „Kann ich es verantworten dorthin zu gehen? Oder ob dort überhaupt ein Besuch möglich ist? Kann man es verantworten, sich und den anderen gegenüber?"

Diese Fragen bedrücken uns sicherlich sehr, auch wenn viele es nicht zugeben können. Ich denke, es sind auch schwere Themen und Fragen. Es auch als Mensch zu verstehen, was um uns herum passiert.

Die Frage, warum wir das Schicksal in dieser besonderen Zeit erleben, warum man uns diese Zeit und die Erlebnisse zumutet? Und wie wird es sein, wenn wir diese Zeit überstanden haben? Was wird uns bleiben und begleiten? Jeder wird es persönlich anders empfinden als der andere. Und die Zeit wird es zeigen, wie sehr wir davon weiter betroffen werden und die Folgen tragen müssen.

Eine neue Zukunft? Vielleicht ist so etwas eine große Veränderung in uns und auch für unsere Mitmenschen. Uns selbst immer wieder die Frage stellen: Handele ich richtig? Die Pandemie hat auch gespaltet und in Arm und Reich getrennt. Auch der Wert der Arbeit ist dadurch verändert, in „systemrelevant" wie Krankenhaus und Altenheime, Supermärkte und Apotheken.

Der Gegensatz sind die anderen, die nach Hause geschickt werden oder auch in Kurzarbeit. Sie haben dadurch starke Geldverluste und spüren es auch, sparen zu müssen. Sie müssen dann auch sehen, wie versorge ich meine Familie, meinen Partner. Wie geht es weiter, und was kommt noch auf uns zu. Können wir das alles reflektieren was geschehen ist, für uns innerlich?

Was uns selbst bewegt und auch verletzt, sind die Erfahrungen, die wir machen in dieser Zeit. Enttäuschung von Menschen, die wir gernhaben und auch schätzen. Und auch unser Gewissen muss vieles aushalten und ertragen. Verstehen, dass vieles nicht mehr so wird, wie es war. Leider.

Es fällt vielen schwer, sich damit auseinander zu setzen. Tiefmenschliches Empfinden, das uns auch in diesen Stunden und Tagen leitet, und auch uns das Leben immer wieder vor Augen geführt hat, wie zerbrechlich Leben ist.

Es fällt sehr schwer in dieser Zeit eine Antwort zu finden und uns auf das vorzubereiten, was uns noch bevorsteht. Es ist immer eine Gratwanderung, die wir durchmachen, durchleben. **Lebenszeiten, die uns immer wieder begleiten!**

Wir befinden uns in einer sich verändernden Welt. Eine zeitliche Veränderung und eine weitreichende Phase der Welt. Nicht eine falsche Veränderung. Vielleicht mehr als dieses. Mehr, als wir uns vorstellen können.

Eine Welt mit den Menschen, die dort leben entwickelt sich anders und auf einer anderen Art, als wir es uns vor einem Jahr vorstellen konnten.

Ich denke, viele Menschen merken, dass die Welt sich langsamer dreht als vorher. Der Druck ist kleiner geworden und auch wir Menschen merken es. Es läuft nicht mehr so schnell und dadurch, dass vieles wegfällt, was wir hatten, besinnen wir uns auf das, was im Leben zählt. In unserer jetzigen Wirklichkeit, so wie sie jetzt ist – in der wir Menschen leben – da fragt doch sicherlich der eine oder andere, ob es alles so richtig ist, was uns zugemutet wird.

Man kann auch sicherlich sagen, dass einige Menschen **„EMPÖRUNG"** oder **„WUT"** begleiten. Dadurch gingen die Menschen auf die Straße, um Protest zu üben an der Politik und den Regeln und Beschränkungen. Um auszubrechen.

Die Menschen müssen verstehen und wollen die Gründe wissen. Durch den Lock down im März bis Mai hat es sich schlagartig in uns verändert. Auch deshalb, weil wir selbst ausgeliefert waren mit unseren Ängsten und Gefühlen, die uns umtrieben.

Aber das Leben ging ja weiter, unaufhaltsam. Ohne Partys, ohne Freizeit. Die Zeit mussten wir uns selbst gestalten und wir verfielen auch oft in die Einsamkeit und auf uns zurück. Ich denke, es war eine Herausforderung für uns als Menschen. Als Nachbar, als Bruder oder Schwester, als Eltern oder als Freunde.

Das räumliche Getrenntsein und das Leben auf Distanz werden uns noch prägen. Es ist ein Teil der Veränderung. Eine Veränderung, die bleiben wird oder vielleicht auch nicht. Das ist schwer zu sagen.

Man kann hoffen und sich wünschen, dass der Zusammenhalt und das Helfen der Menschen bleiben werden. Auch, dass es an die Kinder weitergegeben wird. Auch dankbar zu sein, wenn man heile aus der Krise herausgekommen ist ohne zu erkranken oder andere, die man kennt, erkrankt sind.

Vieles ist in der Schwebe und muss neu geordnet werden. Die Welt wird sich weiterdrehen. Jeden

Tag, jede Stunde. Und wir Menschen müssen immer wieder lernen uns neu zu finden. Jeder auf seine Art.

Leben wir weiter in diesem Vertrauen und mit dem Vertrauen in andere Menschen, die für uns da sind und wir für sie. Veränderungen können bleiben oder auch vergehen, je nachdem, was von der Zeit bleibt, oder was wir Menschen mit hinübernehmen in die neue Zeit!

Es fällt vielleicht schwer, sich auf eine neue Welt einzulassen, sich zu öffnen für diese Welt. Auseinandersetzen muss man sich damit, auch wenn man es wegdrückt von sich, aus den Gedanken. Diese Zeit und auch was sie mit sich bringt, kann uns Menschen zusammenbringen oder auch verlassen. Verlassen von uns selbst, von den inneren Gefühlen, die uns beschäftigen. Uns als Menschen sollte immer bewusst sein, dass wir um Verzeihung beten und bitten können. Die Verzeihung ist ein Grundprinzip von uns als Menschen.

Das Prinzip, das auch nach einem Konflikt wieder Frieden wachsen kann. Frieden in der Krise ist auch eine Erfahrung für uns selbst. Sich aussprechen, sich versöhnen in der Zeit, wo es auch schwer ist, um Entschuldigung zu bitten. In vielen Lebenslagen, in der Trauer, in der Freundschaft und auch für uns selbst ist das Leben, das Leben, das wir als Menschen zusammenleben. Den Frieden bewahren und auch teilen unter uns. Das ist was, zählt. Frieden, den wir auch im Alltag leben.

Auch in Notzeiten, die wir durchleben. Ich denke, das ist auch das, was die Freundschaft stärkt und uns stärker macht. Das Teilen unter uns. Die Güter, die wir haben zu teilen ist eine wichtige Lebensaufgabe. Güter, Leben, Liebe, Freundschaft, Familie. Ich denke und möchte auch sagen, wie Adorno sagt: **„Wer denkt, ist nicht wütend!"** In dieser Zeit nicht mal wütend zu werden. Diese Frage sich selbst zu stellen ist schwierig. Wen von uns macht diese Zeit nicht wütend? Vielleicht auch Enttäuschungen, die hervorkommen oder sich zeigen. Konflikte, Auseinandersetzungen. Dieses alles treibt uns an.

Auch tiefe Ängste, dass die Wirtschaft nicht mehr ans Laufen kommt. Dass sich die Menschen so verändern, dass es nicht mehr einfach ist, das menschliche Leben so zu leben, wie wir es kannten. Das Leben vor März 2020.

Wer denkt nicht an dieses Leben zurück oder wünscht sich, dass es wieder so wird wie es war? Die Zeit zurückdrehen. Viele wünschen es sich bestimmt. Und es ist nicht leicht alles anzunehmen, was uns zugemutet wird. Auch, wenn wir uns oft diese Frage stellen müssen.

Die Frage, die uns in den Köpfen beschäftigt, mit der wir aufwachen und mit der wir einschlafen. Und auch diese Fragen wühlen uns auf. Innerlich verändern sie uns und die Welt und die Stadt, in der wir leben. Sachen passieren, die wir nie dachten, dass sie uns passieren würden.

Wie dieser Vorfall: Ein Raser, der durch einen Biergarten rast und die Menschen in Angst und Schrecken versetzt. Es ist keiner tödlich verletzt worden. Das ist ein großes Glück! Aber es brennt sich ein in unsere Seelen und Gedanken. Sie erinnern uns auch an die Gefahr im Leben, mit der wir täglich leben. Mit ihr müssen wir leben, denn ein Leben ohne Gefahr gibt es nicht. Sie folgt jedem von uns auf unseren Lebensweg.

Dass die Jugend sich verändert hat, wird einem auch bewusst. Durch Corona merkt man sehr den Krach, das Wilde und Unberechenbare und ihr Verhalten hat sich drastisch verändert. Denken wir nicht an die Zeiten, wo es alles noch anders war. Eine für uns heile Welt. Was wird uns verändern durch Corona? Das kann man jetzt noch nicht absehen. Dafür ist es viel zur früh. Ich denke, viele von uns wird das Jahr 2020 stark prägen.

15. Kapitel

2020 - Eine Veränderung der Menschen

2020 - Das Jahr, das uns als Menschen prägen wird? Eine Frage, die ich mir gestellt habe und ich denke viele von Ihnen auch.

Was wird werden mit dieser neuen Zeit, was nehmen wir aus dieser neuen Zeit mit in das neue Jahr, das kommen wird? Es birgt auch etwas Tiefes, etwas Innerliches, Gefühle und eine Veränderung zuzulassen.

Ob es gleichgültig ist, wie es mit uns weitergeht, das ist schwer zu beantworten. Wie wir uns verändern und wie unsere Charaktere sich verändern werden. Ob wir es wahr haben wollen, dass eine Veränderung geschieht, wer weiß das schon.

Wir Menschen leben in dieser Wirklichkeit, vielleicht auch in einer brutalen Wirklichkeit, wie man es auch ausdrücken kann. Ich denke auch wenn uns plötzlich eine Veränderung trifft, dann geht es noch tiefer in uns. Wir müssen wir den Dingen stellen, die uns nicht gefallen. Dinge, die man sich nicht wünschte oder sich vorstellen konnte, dass sie eintreten würden.

Ich denke das kann keiner von uns wissen, was hinter einem Vorhang wartet, sinnbildlich gesehen. Wer als Mensch kann dieses Unerwartete in uns wissen und auch verspüren? In schweren Zeiten spüren wir vielleicht Gedanken und Gefühle, die wir nie kannten oder lange nicht gespürt haben.

Man kann auch noch weiterdenken oder weiter nachdenken, wie es weitergehen könnte mit dieser Zeit, die wir erleben. Ich denke, dass wir alles unterschiedlich sehen als Menschen. Auch weil es uns viel Kraft kostet und uns Energie raubt, wenn wir uns immer mit dem Negativen auseinandersetzen müssen.

Dieses kann unsere Gedanken lenken und leiten. Es kann sehr tief gehen in unser Herz und uns treffen wie ein Pfeil! Tief in unser Denken und Handeln. Sich zu verändern und die Umgebung, ist auch manchmal schwer zu begreifen. Dieses Schwere, was uns als Menschen trägt. Auch in den tiefsten Ängsten, das wird uns oft bewusst.

Bei Kummer und Sorgen. Sorgen begleiten uns täglich und auf unserem Lebensweg! Lebenswege, die uns weiterführen. Sozusagen **„Liebe ohne Leiden"** (U. Jürgens, 1984). Ein Leben und auch eine Liebe ohne Leiden gib es nicht für uns Menschen. Liebe und Leiden in Freundschaft und Beziehung.

Wir Menschen dürfen dieses immer wieder erfahren. Ich denke, jeder von uns macht in irgendeiner Weise Veränderungen durch. Ob es in der Familie ist, im Beruf oder auch in der Beziehung. Viele Veränderungen tragen uns durch das Leben.

Auch durch Erfahrungen, die wir machen mit anderen Menschen. Ob sie nun gut sind oder schlecht, sie zeigen uns das Leben auf. Das Leiden ist auch eine Veränderung. Durch Leiden, durch die wir gehen und manchmal gehen müssen, weil sie uns das Leben gibt. Leiden bringen uns auch Veränderung. Oder auch gesagt: **„Eine schlimme Zeit überstehen, wieder gesund herauskommen."**

Das ist doch das, was uns als Menschen antreiben kann auch in dieser Zeit des Umbruchs im Jahr 2020. Wieder zu neuen Ufern aufzubrechen. Auch das ist eine Stärke. Das Leid von sich selbst zu tragen und auch das von anderen mittragen.

Ich denke, das ist menschlich. Denn wir sind alle zusammen hier auf Erden am Leben. Es ist wichtig, den Mitmenschen nicht zur vergessen oder den Nachbarn, die Nachbarin und einfach mit offenen Augen durch das Leben zu gehen. 2020 ist ein Jahr der Veränderung, die noch weiter gehen wird in diesem Jahr. Gewiss, wir wissen nicht, wann es wieder heißt nicht mehr auf Abstand zu leben oder uns wieder in den Arm nehmen zu können. Darauf freuen sich bestimmt viele Menschen.

Ich wünsche es Ihnen allen, dass Sie diese Veränderungen mittragen können, so gut Sie es können. Das Alte ist vergangen. Neues bricht auf in dieser Zeit, Neues entsteht und Altes vergeht. Ich denke noch genau an die Zeit im Frühjahr, wo es alles noch so war, wie wir es kannten. Das ausgefüllte Leben mit Terminen und mit vollem Programm, das jeder von uns hatte.

Ich denke auch daran, was es mit uns gemacht hat dieses halbe Jahr und wie tief es in uns sitzt, was wir bisher erlebt haben. Umso mehr müssen wir dankbar sein, dass es uns hier noch gut geht noch. Auch an die Veränderungen in unserer Umgebung passen wir uns in dieser Zeit an. Die Maske im Sommer ist natürlich eine große Herausforderung vor allem in den Gesundheitsberufen, in den Lokalen und in der Schule. Im Hochsommer mit der Maske unterwegs zu sein, ist für uns eine Belastung, da man ja weniger Luft bekommt.

Umso mehr rückt die **NATUR** jetzt in den Blickpunkt von uns Menschen. Walderholung, Waldspaziergang, Wandern und Campen sind jetzt mehr in den Blick genommen worden als früher.

Viele junge Leute satteln um und bauen sich einen Camper, um dann auf Deutschlandtour zur gehen. Warum auch nicht das eigene Land von der Nordsee bis an den Bodensee erkunden? Eine Deutschlandreise kann einem die Augen öffnen für unser schönes Deutschland. Wir fördern damit den Tourismus im eigenen Land und sehen selbst, wie schön unser Land ist. Bayern mit seinen Schlössern und Seen, Rheinland-Pfalz, Hessen und Baden-Württemberg mit seinen schönen Weinbergen und alten Burgen. Oder auch NRW, das Münsterland mit seiner Parklandschaft und den vielen Radrouten und Wasserschlössern.

Dann der Norden mit seinen Inseln und die Ostsee mit ihren Stränden und Buchten. Ich besuchte die

Geltinger Bucht dieses Jahr und war sehr beindruckt von dem schönen Deutschland, in dem wir leben. Man kann an vielen Orten glücklich sein! Man muss nur das Herz öffnen und das Schöne an sich heranlassen. Es erfreut das Herz und die Seele. Ein Weinabend mit guten Freunden, nett zusammenzusitzen im Lokal. Lassen wir uns ein auf das, was jetzt ist und lassen uns nicht entmutigen. **„Das Halbverstandene und Halberfahrende ist nicht die Vorstufe der Bildung, sondern ihr Todfeind"** (T.W. Adorno).

Viele würden sagen, besser eine ganze Erfahrung machen, als es halb zu erleben. Ja, so kann man es ausdrücken.

Diese Zeit lehrt uns, ein Mensch zu sein, Mensch in der Veränderung. Gehen wir gemeinsam durch dieses Jahr 2020 mit den vielen neuen Regeln und versuchen wir, das Beste daraus zu machen! Veränderungen zeigen uns den Weg in eine neue, andere Zeit.

Veränderung bringt Menschen zusammen! Veränderung zeigt uns, dass wir mit dem Neuen, dem Fremden versuchen zu leben. Veränderung geht tief in uns. Die Hoffnung auf ein gutes Ende. Verändern der Zeit. Auf einem neuen Weg, der menschlich ist und uns vertraut! Menschen sind sich immer nahe, auch in der Not. Menschen bleiben Menschen. Die Hoffnung der Menschlichkeit, die uns Menschen ausmacht, wird uns auch durch dieses Jahr führen.

Felix Osterkamp

Zum Autor:

Felix Osterkamp, geboren 1990 in Dortmund. Er lebt in Coesfeld bei Münster und arbeitet in der Sozialen Betreuung als Alltagsbegleiter. Musik ist sein größtes Hobby, er spielt seit seinem 7. Lebensjahr Kirchenorgel, begleitet Gottesdienste und gibt Konzerte. Das Schreiben zählt auch zu seinen Hobbys. 2013 brachte er sein erstes Buch „Was heißt Leben!" heraus.

Zeitfracht Medien GmbH
Ferdinand-Jühlke-Straße 7
99095 Erfurt, Deutschland
produktsicherheit@kolibri360.de